JN033578

東京財団政策研究所 監修
久保文明 編

トランプ政権の分析

分極化と政策的収斂との間で

日本評論社

はしがき

　4年間のトランプ時代はどのように記憶されるであろうか。

　本書は統治手法、政治的環境、政治的遺産、内外政策の評価などの側面から、トランプ政権を多面的に分析しようするものである。

イデオロギー、アイデンティティ、そしてポピュリズム

　2017年から21年までのトランプの在任期間は、しばしば民主党と共和党の間の党派対立の時期と形容される。それはリベラル派と保守派の間でのイデオロギー的分極化の時代とも評されるが、政治的膠着状態との評価もある。分断の方が強調される傾向が存在するが、実際には、分断の深刻さとともに、二大政党の勢力がかなり長期に渡って安定的に拮抗していることにも注目すべきである。分断があっても、2つの勢力の力関係が五分五分でなく、たとえば八分二分で固定していれば、多くの人はそれを分極化とは言わないであろう。この二大政党の拮抗状態も長く続いている。

　近年のアメリカの政党対立には、経済や外交・安全保障だけでなく、アイデンティティをめぐる見解の違いという側面も存在する。これは、民主党が最近、人種、民族、ジェンダー、性的志向など、アイデンティティに関わる争点を重視するようになったことの結果であろう。

　同時に、トランプが登場した2015-16年以後、やや異なった軸での対立、すなわちエリーティズムとトランプ的ポピュリズムの対立という構図も存在すると考えられる。高学歴層からなる国際派あるいはグローバリストのエスタブリッシュメントが、トランプに惚れ込んだ白人低学歴層に批判され、受け身に回っている様相を、最近の政治状況から読み取ることも不可能ではない。

　トランプ大統領による統治の手法も、異例な部分が目立った。ツイッターによる発信、あるいは主流メディアとの正面からの対立などはその一例であろう。2020年大統領選挙の結果についても、結局敗北を認めず、大規模な不正の存在を主張し続けた。

　外交政策では、議会からの拘束や介入が少ない分、国内政策より鮮明にトランプ大統領の個性が表れていた。それは対北朝鮮外交や対中国外交で顕在化していたが、対日外交では、個人的関係を重視する形で表に出てきた。原則や専門家の助言に基づくよりは短期的な得失計算による決定が目立つ面もあったが、こと対中国政策に関しては、アメリカ政界全体の対中観の大きな転換の引き金を引いた観もあり、また政策的に不可逆的な変化をもたらした可能性もある。このあたりは評価が分かれるところであろう。

トランプの原則・無原則

　思い起こすと、2016 年 11 月の当選は、まことに僅差であり、また劇的であった。アメリカでは、政治家経験も軍歴もない人物の大統領当選は異例である。

　トランプの公約は「アメリカ・ファースト」であり、「アメリカを再び偉大にする」であった。とくに不法移民について麻薬中毒者と犯罪者が多数含まれていると断言して、主流メディアから激しく批判された。不法移民に多数含まれるヒスパニック系のみならず、身体障害者、女性についても、差別的あるいは品位を欠いた発言が目立った。しかしながら、当時始まったばかりの共和党内での大統領候補指名争いにおいて、トランプは上記の不法移民についての発言後、一挙に首位に躍り出た。

　同時に、「社会保障（年金）を減額しない」、あるいは「アフガニスタン・イラクでの戦争は馬鹿げたもので、自分ならそのお金があれば国内インフラストラクチャーに投資する」といったトランプ候補の発言は、それほど党派的でない有権者には基本的に歓迎される立場であった。「法と秩序」は白人労働者階級にかなり寄り添ったスローガンであったが、同時にトランプが多用した「忘れられた男女」になると、とりあえず人種や政党支持からは中立的である。これは 1932 年にフランクリン・D・ローズヴェルトが使用したスローガンであり、当時の文脈ではそれが訴える相手は白人の低中所得者であった（ローズヴェルトは forgotten people、トランプは意外にも（？）ポリティカル・コレクトネスに従って forgotten men and women と言ったという違いは存在する）。

　貿易赤字そのものを問題視する姿勢も、トランプに特徴的である。これは1970 年代から今日にいたるまで、むしろ労働組合に近い民主党政治家に支持

されていた態度であった。共和党はジョージ・ブッシュ（父）が北米自由貿易協定（NAFTA）を提案するなど、自由貿易を党是としていたので、トランプは党主流に反逆する立場をとったことになる。前述のアフガニスタンとイラクでの戦争批判も、ジョージ・W・ブッシュ（子）だけでなく、保守強硬派、新保守主義者などの外交・安全保障政策を正面から批判するものであった。

　すなわち、トランプの政治的立場には、それほど強烈に共和党的でないものも多数含まれており、それらについてはむしろ民主党の態度に近いともいえる。

　以上はいずれも、トランプ本人がかなりの程度こだわりを持つ争点や政策に関しての議論である。それに対して、減税、地球温暖化政策批判、人工妊娠中絶禁止、銃所持の権利擁護などの立場は、前者と比較すると、ややトランプ本人のこだわりが弱いか、比較的最近打ち出した立場である可能性が存在する。周知のように、トランプの政党所属は共和党、改革党、民主党、改革党、そして共和党と目まぐるしく変化してきた。民主党から共和党に復帰したのは2009年のことであった。この頃トランプは2012年選挙への立候補を検討したので、この時期までに、ある程度共和党的立場を吸収していた可能性がある（2012年については結局立候補を断念し、ロムニーを支持した）。

　いずれにせよ、このような政治的有為変転に象徴されるように、いくつかの争点を例外とすると、トランプに一貫した政治的信念があるかどうかは疑わしい。もしあるとしても、それはすでに示唆したように、民主党的なものと共和党的なものの混交ないし折衷であろう。12年と16年選挙で共和党の指名獲得を目指すことから、戦略的に、あるいは便宜的に採用した政策的立場も少なくない。トランプは、個人的に執着のない政策・争点に関しては、共和党の大勢に従う傾向があるとも指摘できる。

　オバマケア廃棄の主張などは、全面的廃棄を要求する共和党保守派と、「オバマケアをもっと素晴らしいものにする」というトランプ自らの主張の間で空中分解した事例ともいえよう。結局、共和党が上下両院で多数党であったにもかかわらず、トランプはその廃棄に失敗した。

　「異例」「例外的」といったことばで一蹴してしまいがちなトランプ政権ではあるが、実はそれまでの長期的傾向の延長線上に位置しているだけの場合もありうる。大きな政府か小さな政府という選択、人工妊娠中絶禁止の是非に関す

る政党対立やイデオロギー的分極化の激化などは、その例であろう。そこまで行かなくとも、直前のいくつかの政権との連続性が観察される場合もありうる。この点は、本書の中でも少なからず言及されるであろう。

　さらに、既述したトランプの民主・共和両党の折衷的な、あるいは無原則的な政治的立場ゆえに、いくつかの政策においては、両党の立場はむしろ接近している事例も存在する。内政では、インフラ投資、財政規律の緩み、徹底した小さな政府主義の修正など、外交政策では、内向き志向の外交、自由貿易主義への消極的ないし否定的態度、そして中国に対する厳しい態度などであろう。本書においては、分極化がより先鋭化した側面と、政策的な収斂が見られる側面双方に留意しながら、分析を進めていきたい。

本書の概要

　以下、各章の内容を簡単に紹介したい。

　第1章の梅川論文においては、一面でトランプ大統領の立法活動は基本的に定型的である、すなわち過去の大統領の活動パターンと同一であることを論証している。たとえば分極化の進展とともに成立する法案数は少なくなる傾向があるが、トランプ政権期はまさにそれが妥当している。他面、長年にわたって作り上げられ、遵守されてきた慣習と規範から逸脱した点で、トランプ大統領は特徴的であると論ずる。ここではとくに利益相反行為にみられる政治的腐敗、さらには人事権や恩赦の濫用を具体的に検討している。

　「分極化と議会」を扱った第2章の前嶋論文においても、政党支持者別にみた大統領支持率における極端な差は、実はトランプ時代に特有な現象ではなく、オバマ時代にも出現していたことが確認される。法案採決時における議会内政党の結束度で見ても、その上昇は1970年代以来の傾向であることがわかる。他方で、財政規律の緩み、外交における内向き志向、保護貿易主義的傾向、そして強硬な対中姿勢といった点では二大政党の立場が接近しつつあると指摘する。

　第3章の松井論文では、最近の分極化のもっとも特徴的な要素ともいえるアイデンティティをめぐる政治について分析している。政党間の分極化は、単に個々の政策の賛否に起因しているだけでなく、政党についての感情温度、すな

わち一般的な好悪の感情に関しても進行している。1950年代と比較して、大統領は野党支持者からの支持を調達することが著しく困難になっている。本章はさらに、政党支持と、人種・宗教などの社会的アイデンティティがかつてなく合致するようになったがゆえに分極化が一層進行していると指摘する。

第4章の山脇論文は、2016年の大統領選挙、4年間のトランプ政権、20年の大統領選挙、そしてその後の時期も含めて、メディアによるトランプ報道と、有権者がどのメディアからニュースを取得するかのどちらの点においても、強い偏りが存在したことを指摘する。トランプ大統領は不利なニュースを「フェイク・ニュース」として一蹴したため、メディア不信は共和党支持層で強まった。また、ツイッター、フェイスブックなどが大統領の発言にどの程度介入するかも政治問題となった。山脇論文によると、中立的メディアが登場した事例は存在するものの、報道の世界で分極化が緩和する気配は見出しがたい。

このような状況を前提にして、共和党の政策専門家・知識人のあり方について分析したのが、第5章の宮田論文である。トランプの政策的立場はそれまでの共和党主流の立場と異なっているため、2016年選挙当時から共和党系知識人から強い批判が噴出していた。しかし、トランプ当選後は共和党系シンクタンクやメディアの相当部分がトランプ政権支持に転向した。21年以降もトランプの政治的・政策的影響は、党内で残りそうである。それは産業政策、保護貿易主義、あるいは孤立主義への支持などであろう。問われる点は、共和党はトランプ登場前と同じ政党であり続けるのかであると本章は指摘する。

第6章の中林論文は、トランプ以前と比較しつつ、トランプ政権期の財政政策を分析している。こんにち財政規律への世論や議員の関心は薄れているものの、ロス・ペロー旋風が起きた1990年代、あるいは茶会党（Tea Party）が台頭した2010年代前半には強い支持が存在していた。トランプに影響されて共和党は財政規律への執着を弱めたが、コロナ問題によってそれは加速された。市場関係者の間でも財政赤字への危機感は弱まっている。そのような中で「現代貨幣理論」（MMT：Modern Monetary Theory）が登場したが、これは一過性である可能性もあり、今後注視する必要がある。

第7章の高畑論文では、ネオコンともいわれ、外交において力と道義の両方を重視する新保守主義者が、トランプ政権内でどの程度影響力を発揮したかに

ついて検証している。当初新保守主義とは遠い関係にあったトランプ外交であ
るが、マクマスター国家安全保障担当大統領補佐官やナディア・シャドロウら
のもとで変容し、道義的現実主義あるいは保守的現実主義の傾向を強めた。ボ
ルトン更迭後ですら、新保守主義的な兆候は消えていないが、同時に新保守主
義者自身の穏健化という変化も大きな要因であると、本章は論ずる。

　第8章の村上論文は、トランプ政権の対中国政策全般を俯瞰し、そこでの変
化を論ずる。2017年12月に公表された国家安全保障戦略は、中国とロシアを
修正主義勢力と捉えていた。また中国に関してはいわば全政府的アプローチが
採用され、多数の省庁が同時に厳しい対中政策を遂行した。争点は貿易、技術
覇権、台湾、香港、ウイグル、チベット、南シナ海、インド太平洋での覇権争
い、全体主義イデオロギーなど多岐に渡る。いくつかの施策は超党派で成立し
た法律を根拠にしており、バイデン政権に持ち越されるものが多数存在するこ
とも示唆されている。

　本書は、トランプ政権期のアメリカ政治について網羅的に分析するものでは
ない。それにもかかわらず、トランプ政権期のアメリカ政治の変化と連続、お
よびトランプ政権の特徴について、早い時期に新鮮かつ深みのある洞察と解釈
を読者に提供できていれば望外の幸いである。

　本書は、公益財団法人東京財団政策研究所の「2020年アメリカ大統領選挙と
日米経済関係」プロジェクトの一環として遂行された。プロジェクト・オフィ
サーを務めてくださった同研究所の研究員／政策オフィサー吉原祥子氏と政策
研究アシスタント髙橋奈津美氏、および広報オフィサー柘植美里氏からは日頃
から力強いご支援と励ましをいただいてきた。また、株式会社日本評論社第一
編集部の晴山秀逸氏には辛抱強く原稿をお待ちいただき、また編集で大変お世
話になった。ここに記して深く感謝の気持ちを表したい。

　　2020年2月

　　　　　　　　　　　　　　　　　　　　　　　　編者　久保文明

目　次

.

第1章

ドナルド・トランプは大統領制を変えたのか？

梅川　健

はじめに

　2020年11月、ドナルド・トランプ大統領は再選に失敗した。トランプ政権についての総括には、資料やデータの制約があるためにもう少しの時間が必要になるだろうが、現時点で、トランプ政権とは何であったのかを、大統領制という側面から論じることにしたい。

　本章ではまず、大統領としてのトランプがどのように振る舞ってきたのかを、定型的な行動から探る。歴代大統領はそれぞれが個性的ではあるが、政策決定にかかわる場合の行動は定型的である。法案への署名であるとか、大統領令の発出などは公的に記録されるため、過去の大統領の記録と比べることができる。これらの記録からはそのエキセントリックな印象とは異なり、トランプ大統領が現代のアメリカ大統領として非常にオーソドックスな振る舞いをしていたことが浮かび上がってくる。

　トランプ大統領が近年の大統領と共通の行動パターンをとっていたという事実は、観察者をまごつかせるものである。それではいったい、トランプ大統領が日々もたらしていた政治的混乱はどう理解すればいいのだろうか。それも、トランプ大統領の統治の一部であったはずである。

　そこで本章では、トランプ大統領の非定型的行動についても目を配りたい。権限行使の回数ではなく、権限をどのように使ったのかに着目する。アメリカ

大統領の行動はかなりの程度、過去の大統領が作り上げた慣習と規範によって自制されてきたのであり、トランプ大統領の異質性は、それらからの逸脱にあるのではないだろうか。トランプ大統領のもとで起きた政治的腐敗、人事権や恩赦権の濫用を、その異質性の具体的事例として取り上げたい。トランプ大統領は当初、ワシントンのヘドロを掻き出すと意気込んでいたが、彼が捨てようとしたのは、アメリカ大統領制を機能させてきた慣習と規範である。

1　トランプ大統領を縛る政治状況

　トランプ大統領がいかに特異な個性の持ち主であったとしても、眼前の制度や政治状況から離れて自由に行動できるわけではない。大統領にはどのような権限があるのかは制度によって規定されており[1]、大統領の政治的リソースは議会における自党の議席率や世論の支持率といった政治状況によって規定される。大統領は制度を変更したり、中間選挙で自党の応援に回ったり、世論に訴えたりすることで政治状況に働きかけることはできるが、それらを自由には変更できない。政治状況は、大統領がとることのできる選択の幅を制限する。

　【図1】は、1879年から2020年の期間を対象に、連邦議会両院における二大政党の間のイデオロギー的距離の変化を示すグラフである。アメリカ議会研究は、1980年代に各会期の議員ひとりひとりについて、どれほど保守・リベラルであったかを数値（DW-Nominate Score と呼ばれ、-1から+1までの値をとる）で表す方法を開発した[2]。この値によって、各会期における二大政党の間のイデオロギー的距離の大小をつかめるようになった。各会期においてそれぞれの政党毎に所属議員のイデオロギー値の平均を求め、政党毎の平均値の差を求めれば、その数値はすなわち政党間距離として理解することができる。この手法は、1960年代中頃から今日にかけて民主党と共和党の距離がひらき続けていることを一目瞭然にした。この現象は、既によく知られているようにイデ

---

1)　大統領権限については、東京財団政策研究所監修＝久保文明・阿川尚之・梅川健編『アメリカ大統領の権限とその限界』（日本評論社、2018年）を参照されたい。
2)　Keith Poole and Howard Rosenthal, *Ideology and Congress revised edition* (Transaction Publisher, 2007).

【図1】連邦議会におけるイデオロギー的分極化

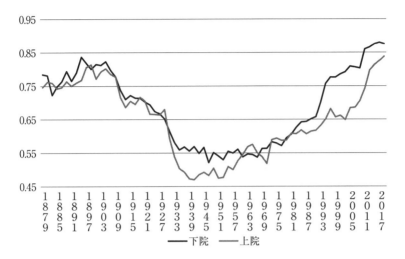

出典：Lewis, Jeffrey B., Keith Poole, Howard Rosenthal, Adam Boche, Aaron Rudkin, and Luke Sonnet（2020）. *Voteview: Congressional Roll-Call Votes Database.* https://voteview.com/ より作成。

オロギー的分極化と呼ばれる。

　トランプ大統領が4年間の政権を担う間、アメリカ政治はイデオロギー的分極化の進展の中にあった。トランプ大統領は、近年の大統領と同じ政治的状況を前にしていたのであり、分極化時代の大統領である。

　【図1】は、1960年代からイデオロギー的分極化が進展してきたことを示しているが、他方で、大統領・議会関係は、分極化の進展中いつも同一であったわけではない。【図2】は、会期毎の上院と下院それぞれにおける民主党と共和党の議席数の差を、各院の定員で割ったものである。数値が正の値をとっている場合は民主党が共和党を議席数で上回り、負の値の場合はその逆を意味する。数値が大きいほど二大政党の議席数が乖離していることを意味し、数値が小さいほど両党は拮抗している。

　この図からは、イデオロギー的分極化が進展した60年代から今日にかけて、3つの時期があることを読み取れる。70年代から1994年までの第1期は、上

【図2】連邦議会における民主党・共和党の議席差割合

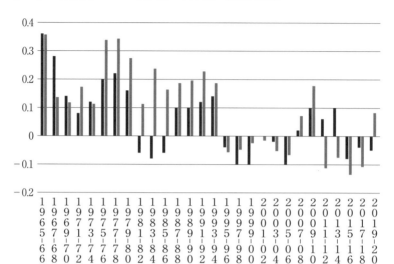

出典：The Brookings Institutions, *Vital Statistics on Congress*（https://www.brookings.edu/multi-chapter-report/vital-statistics-on-congress/）より作成。

院で3会期にわたり民主党が優位を失うものの、全体としては民主党が上下両院での大勢力だった。この状況は1994年中間選挙で変わり、2006年中間選挙までの第2期は、上下両院でともに共和党が小さくはあるものの優位を保ち続けた。2007年以降の第3期の特徴は、両院での多数派交代が頻繁になっていることと、多数党の優位が、第2期よりも大きいものの、第1期ほどではない、ということである。

　オバマ大統領からトランプ大統領への変化は、通常、非常に大きな変化として理解されるが、両者が前にした政治状況は非常に似通っていることを【図2】は示している。オバマ大統領とトランプ大統領は、議会の分極化と勢力拮抗化という点で共通した政治状況を前にしていたのである。

　さらに、両者に共通する政治状況はもうひとつあった。有権者からの支持のあり方である。有権者からの支持は、大統領が行動するにあたっての政治的リソースになる。これによって、有権者に支持されている大統領の行動を是認せ

【図3】政党支持別大統領支持率

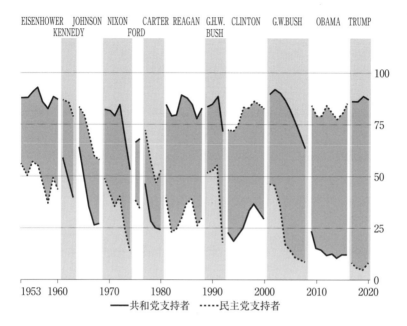

出　典：Amina Dunin, "Trump's approval ratings so far are unusually stable and deeply partisan", *Pew Research Center*, August 24, 2020（https://www. pewresearch.org/fact-tank/2020/08/24/trumps-approval-ratings-so-far-are-unusually-stable-and-deeply-partisan/）.

よ、あるいは黙認せよと議会に迫ることができる。【図3】は、アイゼンハワー大統領からトランプ大統領までの、政党支持別の大統領支持率を示したものである。レーガン大統領以降、政党支持別支持率の乖離が目立つようになっているが、ジョージ・W・ブッシュ大統領までは民主党支持者と共和党支持者の支持率の変化が連動している。民主党支持者による支持率が上昇すれば共和党支持者による支持率も上昇し、下降する場合もやはり下降している。すなわち民主党支持者と共和党支持者は、大統領のパフォーマンスに対して同じように反応してきたと言える。

　他方で、オバマ大統領とトランプ大統領の支持率の変化は、それ以前とは様相を異にしている。まず、民主党支持者と共和党支持者の支持率はいずれの大

統領についても、任期中、ほとんど変動しなかった。ジョージ・W・ブッシュ大統領以前の大統領は、自党の支持者の支持率を任期中に失うことが多かったが、オバマ大統領とトランプ大統領は、任期を通して自党の支持者からの支持と、対立政党支持者からの不支持という現象に直面した。

次に、オバマ大統領とトランプ大統領に対する民主党支持者と共和党支持者による支持率の変化は連動しなかった。オバマ・トランプ時代においては、同じ出来事に対して、民主党支持者と共和党支持者が同じようには反応しなかったのである（有権者の支持率については、本書の第3章を参照）。

大統領にとっての政治的リソースとなる有権者からの支持率という点でも、トランプ大統領は特異な状況にいたわけではなく、オバマ大統領と共通していたと言える。トランプ大統領の支持率が、全く下がらないことは驚きをもって報道されてきたが、実はその特徴はオバマ政権から見られたのである。

これまで見てきたように、イデオロギー的分極化時代の大統領であるトランプは、これまでの大統領が経験したことのないような政治状況を前にしていたわけではない。特に、オバマ大統領とは、議会における勢力拮抗化、世論の分極化という点でも共通する政治状況を経験していたのである。

これから見るように、民主党と共和党の違いや、オバマとトランプという個性の違いを超えて、トランプ大統領の権力行使の様態は、他のどの大統領よりも、オバマ大統領に似ている。政治的環境の類似性が、イデオロギーの違いを超えて大統領の行動に収斂をもたらしているのである。

2　トランプ大統領の定型的行動——立 法

アメリカの大統領は日本の首相とは異なり、連邦議会に選出されるわけではなく、国民に直接選出される。ゆえに、大統領は連邦議会に責任を負わないし、連邦議会も大統領を解任できない。大統領は必ずしも議会の多数派に支えられているわけではないという、アメリカの大統領・議会関係が、大統領による政策形成の方法を、日本から見るとわかりにくくしている。

アメリカ大統領は政策形成にあたり、ふたつのルートのどちらを行くかを選ぶ。ひとつは議会と協同する立法であり、もうひとつは議会を迂回する大統領

【図 4】会期毎の立法数

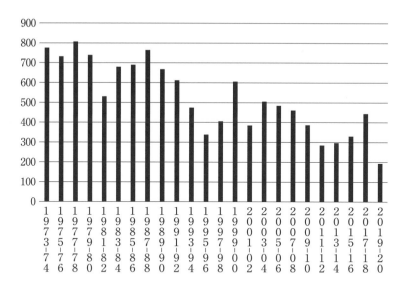

出典：The Brookings Institutions, *Vital Statistics on Congress* より作成。

の単独行動である。連邦政府による大きな政策変更は、基本的に立法の形をとる。大統領には法案提出権はないものの、上下両院を通過した法案に対して拒否権を行使するか、署名をするか、あるいは署名時声明（signing statement）を出し条件をつけて署名するという形で、立法過程に関与する。

　【図 4】は、2 年を 1 会期とする連邦議会において、それぞれの会期でいくつの法律が成立しているのかを示したものである。全体的な傾向として、近年になるにつれて法律数の低下が見られる。原因としては、分極化の進展により政党間合意が困難になっていることや、そのような困難を乗り越えるために、複数の法案に分けられてしかるべき内容が、オムニバス法案とよばれる 1 つの大法案に束ねられる傾向にあることなどが考えられる。

　トランプ大統領は、2017 年から 2018 年の第 115 議会と、2019 年から 2020 年の第 116 議会に大統領として臨んだ。115 議会は共和党多数の統一政府であり、法律の成立数はオバマ政権のいずれの会期をも上回るものであったが、分割政府となった 116 議会では最低の法律数を記録した。全体の傾向からすると、分

【図5】会期毎の拒否権数

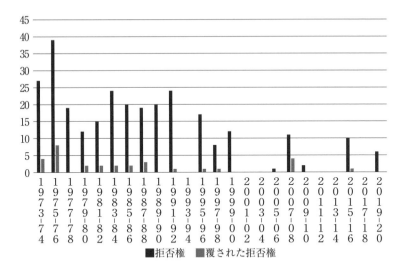

出 典：Gerhard Peters and John T. Woolley. "Presidential Vetoes". *The American Presidency Project*（https://www.presidency.ucsb.edu/node/323889）より作成。

極化の進展とともに低下する法律の数というトレンドから、トランプ政権は外れていない。

　アメリカ大統領は上下両院を通過した法案に署名する際に、拒否権を行使できる。もしも大統領が拒否権を積極的に行使すれば、成立する法律の数は少なくなるようにも思える。しかしながら、トランプ大統領による拒否権の数は少ない。トランプ大統領の拒否権はなぜ少なかったのだろうか。

　【図5】は、会期毎の大統領による拒否権行使の回数と、拒否権が議会の再議によって覆された回数を示したものである。大統領がどのような場合に拒否権を行使するかについては先行研究が明らかにしている[3]。まず、統一政府の場合には拒否権の数は少なくなり、分割政府の場合には数が増える。1993～

---

3) Charles M. Cameron, *Veto Bargaining: Presidents and the Politics of Negative Power*（Cambridge University Press, 2000）.

1994年、2003 〜 2004年、2009 〜 2010年、2017 〜 2018年は、いずれも統一政府であり、拒否権の数は極めて少ない。統一政府では、大統領が賛成しない法案が提出される可能性が低いことを意味している。

他方で、分割政府であっても拒否権行使の数が伸びないという現象が、現代政治に特有の条件によってももたらされうる。イデオロギー的分極化の進展により、政党間距離が開き、かつ政党内の凝集性が上がると、党派を超えての連携は難しくなる。さらに、議会が民主・共和両党で拮抗するようになると、いずれの政党も自党だけで大統領の拒否権を覆すための3分の2の票数を確保することができなくなる。このような状況では、議会多数派は、大統領による拒否権行使が予見される法案を議場で通過させなくなる。結果として、大統領の机にはそもそも拒否権を行使すべき法案が回ってこなくなる。拒否権の数の少なさは、議会におけるイデオロギー的分極化と勢力拮抗化の帰結として理解することができる。トランプ大統領の残した数字を見てみると、統一政府状況では一度も拒否権を行使せず、分割政府状況でも6回にとどまっている。この6という数字は、議会における勢力差が大きかった80年代に比べるとはるかに少ないものになっている。トランプ大統領は、拒否権の行使にあたり、従来の大統領と同様の行動をしていたと言えるだろう。

そのほか、現代の大統領は法案署名にあたり、文書を付与することがある。署名時声明と呼ばれるもので、公式な記録として保存されている。大統領が法案に署名するということは通常、法案の全体を法律として認めることを意味し、拒否権の行使は法案全体を否認することを意味する。合衆国憲法は、全体としては法律として承認し、一部だけを拒否するという権限を大統領に与えてはいないが、70年代以降の大統領は署名時声明において、法案の一部拒否を宣言するようになった[4]。

大統領の署名時声明には、実質的に法案の中身を変更するものと、単に法案に対して大統領の立場を宣言するものとがある。【図6】は、それらを実質的署名時声明と修辞的署名時声明として分類し、それぞれの大統領が1年あたり

4）　梅川健『大統領が変えるアメリカの三権分立制──署名時声明をめぐる議会との攻防』（東京大学出版会、2015年）30頁。

【図6】署名時声明（年平均）

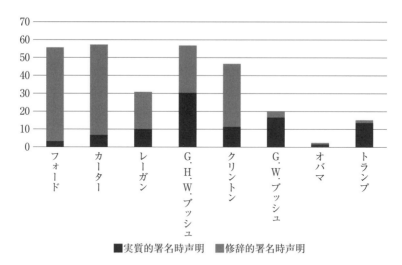

出典：梅川健『大統領が変えるアメリカの三権分立制──署名時声明をめぐる議会との攻防』（東京大学出版会、2015年）ならびに、*American Presidency Project* より作成。

に付与した数を示している。【図6】にあるように、実質的署名時声明は政権を経る毎に増加しており、ジョージ・H・W・ブッシュ政権期に頂点に達したものの、オバマ政権で急激に減少している。この減少は、アフガニスタン戦争とイラク戦争を戦う中で出されたジョージ・W・ブッシュ大統領による、拷問を禁止する条文に従わないとする署名時声明が権限濫用だとして強く批判されたことが原因である。

　オバマ大統領はジョージ・W・ブッシュ大統領の署名時声明への批判を前にして、実質的署名時声明の使用を控えていたが、トランプ大統領は再び実質的署名時声明を活用していたことが【図6】から読み取れる。アウトサイダーとしてのトランプ大統領も、従来の政権と同じく、合衆国憲法に規定のない署名時声明という道具を継続的に使用したのである。

　トランプ大統領は、署名時声明のもうひとつの傾向にも沿った行動をとっている。署名時声明には2種類が存在するものの、ジョージ・W・ブッシュ政権

期以降、修辞的署名時声明の数が減少している。これは、直近の大統領が、署名時声明を実質的な文書として扱い、大統領の立場をアピールするための文書としては使用しなくなっていることを意味する。署名時声明がより大統領の道具としてより洗練されてきており、トランプ政権もこの流れを継受している。なお、署名時声明は立法過程の末尾での権限行使であり、議会に公的な再議の機会を与えていないという点で、これから述べる単独行動のひとつでもある。

3　トランプ大統領の定型的行動――単独行動

　ここまで、法律を通すことによる政策変更において大統領が繰り返す定型的行動を見てきた。他方で、大統領には政策を実現するためのもうひとつのルートがある。それは、議会を迂回した政策決定である。20世紀に連邦政府が実施する政策が増加するとともに、議会は政策や規制の細部を決定する権限を大統領に委任するようになった。細かな規定を議会で詰めて議論したのち法案にするのではなく、議会では大まかな枠を規定するにとどめ、その枠内で大統領が適宜政策を実施しているかを監督する、という方式である。この方式の広がりが、今日の大統領の政策決定権限の増大につながっている。

　大統領は法律で定められた枠内で政策を実施するにあたり、行政組織を活用する。大統領が行政組織に対して、具体的な法執行の方法を示す文書が、行政命令である。合衆国憲法に規定のない文書であるが、歴代の大統領が形式を整備してきた。そこでは、行政組織に命令するための根拠条文を示すこと、連邦官報に記載することなどが要件とされている[5]。なお、大統領は様々な形式で命令を下しており、大統領令とはそれらの総称である。以下では、行政命令と大統領覚書という大統領令の2つの主要な形式について見ていくことにしたい。

　【図7】は、フォード政権以降のそれぞれの大統領について、1年あたりにいくつ行政命令を発令しているかを計測したものである。カーター政権を境に行政命令の数が減少している。先行研究では、行政命令の発出数の増加には、要因として、分割政府であるか、また、議会での自党がどれほど優勢であるか

---

5)　梅川健「乱発される「大統領令」」東京財団政策研究所監修・前掲注1) 63頁。

【図7】行政命令（年平均）

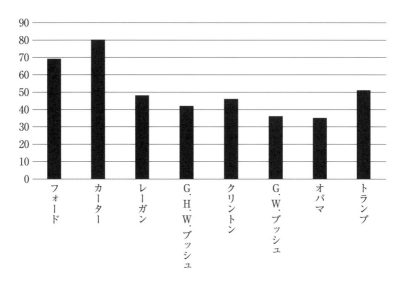

出 典：Gerhard Peters and John T. Woolley, "Executive Orders". *The American Presidency Project.*（https://www.presidency.ucsb.edu/node/323876）より作成。

が関連しているということが明らかにされている[6]。分割政府状況では新たに法案を通すことが難しいため、大統領は既存の法律の裁量を活用し、また、議会で自党が優勢な場合には新たな立法によって裁量を獲得し、それを活用するとされている。トランプ大統領による行政命令の数は、オバマ大統領よりも多かったが、レーガン大統領以降の傾向から外れてはいない。

　大統領覚書もまた、合衆国憲法に規定のない文書である。ただし、行政命令とは異なり、近年、特にオバマ政権から積極的に用いられるようになった。行政命令との違いは、文書の形式が未だ定まっていない点にある。大統領は行政組織に命令をしているものの、根拠法と条文を示す必要がない。連邦官報への記載も必ずしも必要としない。行政命令と比べて緩いにもかかわらず、その効

6）　William G. Howell, *Power without Persuasion: The Politics of Direct Presidential Action*（Princeton University Press, 2003）.

【図8】大統領覚書（年平均）

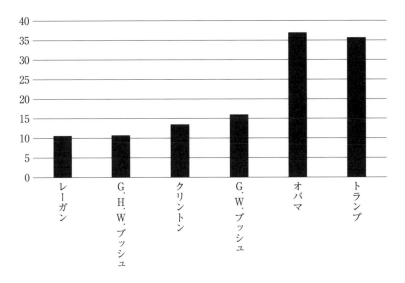

出 典：Lowande, Kenneth, 2017, "U.S. Presidential Memoranda, 1945-2013", https://doi.org/10.7910/DVN/OAM0IN, *Harvard Dataverse*, V1, UNF:6: czitQrz2dTfUzGLj8unc6Q== ならびに、*American Presidency Project* より作成。

力は同等だと言われている[7]。

　オバマ大統領は大統領覚書によって、議会に提案して失敗した内容を行政組織に実施するように命令することさえあった。覚書では「合衆国憲法と連邦法の定めるところにより」という文言で命令をしているものの連邦法に規定がない、ということもあった[8]。根拠条文を示さなくてもよいという点で、大統領覚書は権力濫用に容易につながる形式である。【図8】は、それぞれの大統領が1年あたり何件の大統領覚書を出しているかを示しており、ここからは、トランプ大統領が大統領覚書の積極的利用という傾向をオバマ大統領から引き継いでいることが分かる。

---

7)　梅川・前掲注5）63頁。
8)　梅川・前掲注5）54-55頁。

4 慣習から逸脱するトランプ大統領

　ここまで、大統領としてのトランプの行動を、アメリカ大統領研究が取り扱う繰り返し観察される定型的行動という側面から見てきた。明らかになったのは、トランプ大統領は、従来の大統領の傾向から外れるものではなかったということである。この結論は、これまで挙げてきたデータから導かれるものだが、トランプ政権の4年間から受ける印象とはどこか整合的ではない。

　現在主流の大統領研究は、繰り返される大統領による権力行使が、どのような条件で、どれほど増減するのかを計量的に分析し、因果関係を析出しようと試みてきた。このような研究は、大統領が従来の政治のルールを守って行動している場合に、意味を持つ。他方で、大統領によるルール変更の試みや、ルールからの逸脱について分析することを苦手とする[9]。まさに、トランプ政権で生じていたのは、大統領によるルールの無視ではなかったか。

　最も目に見えやすいルールは、憲法や法律、規則の形で文章にされている。アメリカ合衆国大統領は、もちろんこれらのルールに縛られるが、さらに大統領としての行動規範や慣習といった不文法にも縛られてきた。合衆国憲法の大統領についての規定は短く、どのような場合に、どう振る舞うべきかなどは定められていない。大統領による行動は先例となり、それを次代の大統領が守ることで慣習として定着し、規範に結晶化してきた。例えば、大統領は議会に教書を送ることはできるが、いつ、どのように送るべきかについて合衆国憲法は規定していない。大統領が年頭教書演説を議会議場へ赴いて行うというのは、ウッドロー・ウィルソン以来の慣習[10]に過ぎないが、今日まで守られ、それを前提としてアメリカ政治は動いている。

　トランプ大統領は、これまでの多くの大統領が遵守してきた慣習と規範から

9)　Stephen Skowronek, "Mission Accomplished". *Presidential Studies Quarterly*, Vol. 39, no. 4 (2009).

10)　ウィルソン大統領は、教書を文書の形で送付するという旧来の慣習を変えている。19世紀を通して、大統領はデマゴーグとならぬように人前で演説するべきではない、という旧来の行動規範が存在した。Jeffrey Tulis, *The Rhetorical Presidency* (Princeton University Press, 1987).

逸脱した。逸脱は、回数が問題ではなく、一度であっても逸脱したことが意味を持つ。慣習と規範からの大統領の逸脱が、議会や裁判所あるいは市民から咎められないとき、逸脱行動は新しい先例となり、それに続く大統領が将来出現すれば、新しい慣習と規範となっていく。トランプ大統領は、大統領のあり方に大きな変化をもたらしている可能性がある。そこで、以下では、トランプ大統領が挑戦した数々の慣習と規範について見ていくことにしたい。

(1)　政治的腐敗

　公職者が職位に由来する権力を個人的利益のために使用することは、利益相反にあたり、政治的腐敗である。そのため、クリントン大統領やジョージ・W・ブッシュ大統領は、就任するにあたり財産を白紙委任信託としてきた。白紙委任信託では、管財人が財産についての管理を信託者に知らせることなく行い、信託者は自らの財産の詳しい状況を知ることができない。大統領は自らの財産のために政治的決定ができなくなるという仕組みである。オバマ大統領は、利益相反が想定できない程度の現金と不動産を所有していたに過ぎないため、白紙委任信託を利用しなかったが、トランプ大統領は本人の言うとおり資産家であった。

　当然に、トランプ大統領も白紙委任信託を行うものと見られていたが、就任9日前の記者会見で、そのような考えはないと宣言した。この会見ではトランプ陣営の税理士が壇上にあがり、「大統領には連邦政府の定める利益相反法[11]が適用されない」との説が披露された[12]。

　確かに、同法では行政府の職員を対象とした利益相反が禁止されており、大統領もその対象であるとは書かれていない。しかしだからといって、大統領が利益相反の問題から自由であるというわけでもない。従来の大統領は、連邦法上の求めとは別に、白紙委任信託という形で利益相反の可能性を排除してきたのである。トランプ大統領は、白紙委任信託も財産の売却も行わず、利益相反

---

11)　18 U.S. Code §208.
12)　Kelly Phillips Erb, "What's A Blind Trust, Anyway, And Why Won't It Work For President-Elect Trump?", *Forbes*, January 12, 2017.

16

を生じさせないように行動するという規範から、就任と同時に逸脱した。

　就任後も、トランプ大統領は利益相反となる行為を続けた。任期中、自らの所有する土地へ 280 回以上訪れ、シークレットサービスのための費用、部屋代や施設利用料として少なくとも 250 万ドルを連邦政府に支払わせている。トランプ大統領の所有地は、彼の訪問によって知名度をあげ、政権と関係を持ちたいと願う企業人や外国人顧客を引き寄せることになった[13]。

　大統領が利益相反の疑いを持たれないようにするための慣習は他にもある。納税申告書の開示である。納税申告書には、どのような経緯で所得を得ているのか、および、どのような団体に寄付しているのかが明記され、大統領がどのような団体と金銭的なつながりがあるのかが示される。納税申告書の開示は、ニクソン大統領が始めたものである。もっとも、ニクソン大統領が示したのは虚偽の納税申告書であり、公正な納税申告書を開示するという慣習はフォード大統領以来のものである。

　トランプ大統領は就任前から、内国歳入庁による監査を受けていることを理由に納税申告書の開示を拒み続けた。2020 年 9 月にニューヨーク・タイムズがトランプ大統領の納税記録を入手し、2016 年と 2017 年に、わずか 750 ドルの連邦個人所得税しか支払っていないことを暴露した[14]。トランプ大統領自身はこの報道をフェイクニュースだと主張しているものの、根拠となる納税申告書は開示しなかった。トランプ大統領は、納税申告書の開示という 40 年にわたって維持されてきた慣習から逸脱したのである。

　個人的な目的のために公的な権力を用いた事例として、2020 年に生じたホワイトハウスの選挙利用を挙げておきたい。従来の大統領は統治と選挙を分けて考え、現職としてホワイトハウスを選挙のために利用したことはなかった。しかしながら、2020 年の共和党全国党大会（ほとんどがオンラインだった）では、

13)　David Montgomery, "The definitive list of the 20 presidential norms Trump broke and how Joe Biden can restore them", *The Washington Post*, November 10, 2020.

14)　Russ Buettner, Susanne Craig and Mike McIntire, "Trump's Taxes Show Chronic Losses and Years of Income Tax Avoidance", *The New York Times*, September 27, 2020.

ホワイトハウスが舞台として使われた。全国党大会4日目、トランプ大統領は
ホワイトハウスにて新たに市民権を得た人のための式典を大統領として執り行
い、銀行強盗の罪で服役を終えた人物に大統領として恩赦を発令し、そして、
大統領候補者として指名受諾演説を行った。トランプ大統領は公務と選挙運動
との間に、これまでの大統領が引いてきたラインを消してしまった。

　そもそも大統領は、公務中に選挙運動をしてもよいものだろうか。連邦政府
職員は、ハッチ法によって公務中の政治活動が明確に禁止されているが、同法
は利益相反法と同じく、大統領を対象としていない。先のイベントの主役であ
るトランプ大統領は連邦法によって規制されなかったが、イベント実施に係わ
ったホワイトハウススタッフは公務中の政治活動を禁止されていた。ちなみに、
先のイベント実施は主に選対本部の人員が行い、ホワイトハウススタッフは勤
務時間外に協力したに過ぎないとされている[15]。

(2)　人事権の濫用

　アメリカ大統領は政権移行の度に、行政組織内の3,500ほどの職（日本でい
えば局長級まで）について人事を行う。なかでも1,200ほどの上級職は上院の
承認を必要とする。閣僚級の人事も上院承認を必要とするが、就任間もない1
期目の大統領の場合、指名した候補者がすぐに上院の承認を受けられるとは限
らない。あるいは急な辞任によって重要な閣僚ポストに空きが生じる場合もあ
る。このような場合には、大統領は上院承認を受けていない「代理（acting）」
を置くことができる。ただし、この仕組みはすぐに上院の承認を受けることを
前提としている。

　【図9】は、レーガン政権以降の閣僚級ポストについて、上院承認を得た人数、
代理として未承認のまま9日以下執務した人数と、未承認のまま10日以上執
務した人数を示している。9日と10日という境界線は、このデータを作った
アン・ジョゼフ・オコネルによれば、空席を埋めるための一時的なものか、そ
の後長く未承認のまま執務を続けるかの違いとしての意味を持つ。なお、閣僚

---

15)　Montgomery, "The definitive list of the 20 presidential norms Trump broke and how Joe Biden can restore them".

【図 9】閣僚級人事

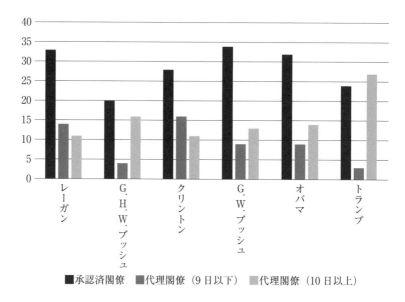

出典：Anne Joseph O'Connell, "Actings", *Cornell Law Review*, No. 120, Vol. 613 (2020), p. 643 より作成。

が頻繁に入れ替わる政権では延べ人数が増え、グラフも伸びることになる。

　トランプ政権の閣僚級人事の特徴は、10 日以上の未承認の代理閣僚の数が突出して多いことにある。付け加えておくべきは、トランプ政権の 4 年間は共和党が上院の多数派であり、承認人事はそれなりに円滑に進むことが予見された。事実、連邦裁判所裁判官人事は順調に数を伸ばしている。トランプ大統領は 2019 年に、代理閣僚の上院承認を急いでいないと述べており、その中で「私は代理という言葉が好きだ。私に柔軟性を与えてくれるから」と語っている[16]。つまり、トランプ大統領は、意図的に未承認の代理閣僚を配置していたと言える。

---

16)　Felicia Sonmez, "Trump says he's 'in no hurry' to replace acting Cabinet members", *The Washington Post*, January 6, 2019.

　上院承認を必要とするポストについて、あえて承認を受けないというのは、明らかな権限の濫用である。そのようなポストの人事については、その権限を大統領と議会が分有しているのであり、上院に諮らずに大統領だけで人事を完結させるというのは、上院の権限の侵害にあたる。また、閣僚級という重要な職位に就く人物についてのチェックが上院によってなされないという点も問題である。能力ではなく忠誠心による登用を上院が阻むことができない。トランプ政権では閣僚の出入りが非常に激しかったが、その地位にそぐわない人物が代理として務めていたこともその一因だろう。

(3)　恩赦の濫用

　合衆国憲法は、大統領に恩赦の権限を与えている。イギリス国王が持つ恩赦権をモデルとして導入された権限であり、この権限を制約する仕組みは存在しない。公式な制度による制限のない恩赦を、しかし大統領は慎重に扱ってきた。容易に批判の対象になるためである。フォード大統領によるニクソン前大統領の恩赦は特に批判を集め、結果的にフォードの再選を妨げることになった。

　トランプ大統領は、2020 年 11 月までに 45 名に恩赦を与えている。この数自体は、過去の大統領に比べて多いものではない。問題は、恩赦を与えた対象である。トランプ大統領は 2020 年 7 月、ロシア疑惑に関する調査で議会での虚偽証言などの罪で実刑判決を受けていたロビイストのロジャー・ストーンに恩赦を与えた。2020 年 11 月には、元国家安全保障担当大統領補佐官のマイケル・フリンに対して恩赦を与えた。フリンもまた、ロシア疑惑に関する FBI の調査において偽証した罪で実刑判決を受けていた。大統領を守るために嘘をついたとして有罪判決を受けた人物を、大統領が恩赦したのである。このような恩赦の使われ方は、今までの大統領に見られないものである[17]。

(4)　議場騒乱事件（2021 年 1 月 6 日）

　トランプ大統領による慣習と規範からの逸脱のうち、アメリカ民主主義の伝

---

17)　Bob Bauer and Jack Goldsmith, *After Trump: Reconstructing the Presidency* (Lawfare Institute, 2020).

統を最も深く傷つけたのは、選挙結果の受け入れ拒否と、暴力行為の扇動であった。トランプ大統領は選挙によってその地位を獲得したが、自身を権力の座に就けた選挙という仕組みに対する敬意はなかった。2016年の大統領選挙でも、敗北した場合にその結果を受け入れるとは明言しなかった。

　この姿勢は、現職大統領として再選に挑戦した2020年にも変わらなかった。2020年11月の一般投票の結果はバイデン勝利と明白であったが、トランプ大統領は選挙不正を主張した。もちろん、選挙不正の可能性は論理的には常にあり得る。そのため、根拠さえあれば選挙結果への不服を申し立てることを、選挙実施を担う各州は認めている。トランプ陣営は複数の州で訴訟を起こしたものの、いずれも根拠あるいは原告適格なしとして退けられた。この段階で、トランプ大統領による正当な手続きを介しての選挙結果への挑戦は失敗に終わった。

　しかし、トランプ大統領はそれでも選挙結果を認めず、「選挙を盗まれた」という主張を続けた。アメリカ大統領選挙は、11月に各州で有権者が選挙人を選び（一般投票）、12月に各州で選挙人による投票が行われ（選挙人投票）、翌年1月に連邦議会上下両院による合同会議が各州の選挙人投票の結果を集計し、勝者を確定する。合同会議の議長は上院議長、すなわち現職副大統領が務め、2021年1月6日にその役割を務めるのはマイク・ペンスだった。トランプ大統領は最後の望みをこの確定手続きに見いだした。

　トランプ大統領は、1月6日の合同会議が始まる直前、ワシントンDCで開かれた支持者の集会に登壇し、「ペンス副大統領がしなければならないことは、投票結果を各州に差し戻すこと」であり、「マイク・ペンスは正しいことをしてくれるだろう。私はそう望んでいる。もしもマイク・ペンスが正しいことをしてくれたら、我々は選挙に勝つのだから」と演説し、支持者に対しては「死に物狂いで戦うんだ。戦わなければ、国を失ってしまうぞ」、「だからペンシルヴェニア通りを共に行こう。一緒に議事堂へ行くんだ」と扇動した[18]。この演説の後、トランプの支持者らは言葉通りペンシルヴェニア通りを行進し、議事

---

18)　Aaron Blake, "What Trump said before his supporters stormed the Capitol, annotated", *The Washington Post*, January 11, 2021.

堂に侵入した。トランプは行かなかった。死者5名を出し、議事進行は7時間にわたって中断された。トランプ大統領は、平和的な政権移行プロセスの一環である選挙結果確定手続きを、暴力の扇動によって一時的にではあれ、中断に追い込んだのである。

おわりに

　本章ではトランプ大統領について、これまでの大統領にも繰り返し観察された定型的行動と、これまでの大統領が遵守してきた慣習と規範からの逸脱行動という2つの側面から分析してきた。法案への署名や拒否権の行為、あるいは行政命令や大統領覚書といった大統領令の発出の傾向は、驚くべきことに、従来の大統領のものから大きく外れるものではなく、特にオバマ大統領と似通っていることが明らかになった。全く異なるふたりの大統領の行動が収斂していたのである。

　これらの定型的な行動については、大統領の政治的資源である有権者からの支持率と、議会との関係性によって大きく規定され、イデオロギー的分極化の進展と議会における勢力拮抗化という現象が、トランプ大統領の定型的行動を、従前のオバマ大統領に似通わせたものと考えられる。

　他方で、トランプ大統領による統治は、定型的行動からの理解だけでは十分ではない。トランプ大統領は非定型的行動において、その特性を発揮していたと考えることができる。すなわち、トランプ大統領はこれまでの大統領が守ってきた慣習と規範から、ためらうことなく逸脱した。大統領権限を行使するにあたり、利益相反を避けようとせず、公的な権力を自らの再選のために用いた。人事権の行使では上院に諮らずに代理を多用し、恩赦権を自らを守るために嘘をついた人物を救うことに用いた。そして、選挙結果の受け入れを拒んだ。これらはいずれも、確かに法律では明示的に禁止されてはいないが、だからといってやってもよいということを意味しない。そのようなことをしてはならないと、これまでの大統領は慣習と規範を守ることで自制してきた。この伝統を破り、トランプ大統領は成文化されていないルールに挑戦したのである。なお、選挙結果を覆すために議事を妨害するのは、騒乱当日のバイデン次期大統領が

言うように「ほとんど反乱」であり、反乱や反乱の扇動は法律で禁じられている。

　本文中には取り上げることはできなかったが、大統領としてのレトリックからも、トランプ大統領は逸脱した。大統領は分断を煽るべきではなく、統合を語らなくてはならない、また、大統領は人種差別を容認してはならないというのも、これまで大統領が守ってきた慣習である。ブラック・ライブズ・マター運動は、大統領による規範逸脱が契機のひとつになっている。

　さて、それでは、慣習や規範を大統領が破ったとき、どうすれば大統領に再びそれらの遵守を迫れるのだろうか。過去に実際に行われたのは、成文化である。そもそも合衆国憲法は大統領の再選にとくに規定を設けていなかったが、初代大統領のジョージ・ワシントンが２期で退いたために、それが慣習となった。フランクリン・ローズヴェルト大統領が４選を果たしたのち、この慣習からの逸脱は、合衆国憲法修正第22条という形で矯正された。

　成文化は合衆国憲法修正という形だけでなく、連邦法の形でも成立したことがある。ニクソン大統領が引き起こしたウォーターゲート事件以後、大統領による権限濫用を抑制するために、1970年代の議会は大統領権限の抑制に乗り出した。例えば、恣意的な予算執行・不執行を制限するために議会予算及び執行留保統制法や、恣意的な戦争行為を抑制するために戦争権限法が制定されている。これらの法律は結局抜け道を大統領に探られることになったが、大統領の首に鈴をつけることにはなった。

　トランプがワシントンを去った後、議会は70年代のように大統領の権限濫用を制限する仕組みを作り上げることができるだろうか。70年代は今日に続くイデオロギー的分極化の始まりの時期だったが、大統領対議会という構図で議会がまとまることができた。そしてニクソンの後を継いだフォード大統領は、議会による抑制を受け入れた。2021年はどうだろうか。議会は、比べものにならないほどに分極化しており、民主党と共和党の協力は難しいように思われる。バイデン大統領は、トランプ大統領を強く批判してきたが、いざ政権の座に就いたときに、自らの手を縛るような法案に署名するだろうか、これもわからない。トランプ大統領がアメリカの大統領制に残す負の遺産は、慣習と規範の弱体化であることだけは間違いないけれども。

第2章

分極化と議会

前嶋和弘

はじめに

　本稿では、分極化と議会の関係を論じる。ここ40年間徐々に進んできた政治・社会における政治的分極化（両極化）が、オバマ、トランプ両政権で極まっている。政治的分極化とは、国民世論が保守とリベラルという2つのイデオロギーで大きく分かれていく現象を意味する。保守層とリベラル層の立ち位置が離れていくだけでなく、それぞれの層内での結束（イデオロギー的な凝集性）が次第に強くなっているのもこの現象の特徴である。この現象のために、政党支持でいえば保守層はますます共和党支持になり、リベラル層は民主党支持で一枚岩的に結束していく状況を生み出している。左右の力で大きく二層に対称的に分かれた均衡状態に至っているといえる。

　人工妊娠中絶や同性愛をめぐる倫理問題、福祉、貧困、教育など、政策分野における政府の役割についての保守派とリベラル派の間にあるさまざまな対立は、保守派の台頭が目立った1980年代から加熱してきており、21世紀に入ってからは保守とリベラルが激しい対立をしながら二極分化する「2つのアメリカ」論が台頭している。議会でも対立の中、重要な法案になればなるほど、審議が進まないという状況が日常的になっている。

　今後、アメリカの「顔」が変わりつつあるなか、どのようにしてこの対立を超えて共存していけるかが大きな課題となっている。奴隷制の歴史的評価に対

する世論の分断も深刻であり、保守派は南部や中西部に多く、宗教的にはプロテスタント、人種は白人が多く、なかなか議論が進んでいない。

1　動かない政治

ここ10年ほどの連邦議会の状況を一言で表すと、「動かない政治」ということに尽きる。連邦議会のデータを公開している「Congress.gov」によると、116議会[1]（2019年1月3日〜2021年1月3日）で立法化され、公法となったのは333だった。しかし、最後の駆け込みが多い会期終了2か月を割った2020年11月23日の段階では193だった。終了2か月前の数字は、近年では最低の数である。

秋から冬にかけて各種の予算法案が増えるため、公法の数は増えていったが、それでも前115議会（2017年1月3日〜2019年1月3日）の同じ時期（2018年11月23日まで）で公法となったのは278（全期間では443）だった。その前の114議会（2015年1月3日〜2017年1月3日）でも2016年11月23日までの段階で243（全期間では329）であったため、この議会の立法は明らかに滞っている。

コロナ禍で議会の動きが停滞しているためではないかと一瞬、思ってしまう。しかし、実際はそうではない。逆に、コロナ対策のために提出される法案も数多くなっており、法案の数自体は目立って増えている。116議会で11月23日までに提出された法案は、1万6,093である。この数は、115議会、114議会のそれぞれ2年間の提出法案数（1万3,556、1万2,053）を上回っている。

「Congress.gov」でさかのぼることができる中で最大の法案数だったのは93議会＝1973年1月3日〜1975年1月3日＝の2万6,222である。ただ、93議会で公法となったのは772であり、116議会の立法化のペースを考えると雲泥の差がある。

つまり、いろいろ法案は出しても議会内での議論が進まないのが、116議会

---

1)　憲法制定後の最初となる1789年が第1議会で、通算で番号が付けられている。2年間の議会期は、1年単位の2つの会期によって分けられており、奇数年が第1会期（First Session）、偶数年が第2会期（Second Session）である。

の特徴といえる。なぜまとまらないのか。それは、共和党と民主党の激しい党派対立（政治的分極化）が際立っている中、2018年の中間選挙の結果、下院の多数派を民主党が奪還し、「分割政府（divided government）」になったことが大きく、両党での話し合いが全く進んでいないからだ。

　分割政府とは、上述の通り、大統領の政党と上下両院あるいはどちらかの多数派政党が異なることだ。116議会では上院が共和党53、民主党47（民主党と統一会派の無党派含む）と僅差で共和党が多数を占めているのに対し、下院の方は2020年11月23日現在、共和党197、民主党232、リバタリアン党1、欠員4だった。このうち、リバタリアン党所属議員は、共和党所属だったジャスティン・アマッシュ（ミシガン州選出）であり、2020年4月に共和党を離党し、リバタリアン党に移籍した。アマッシュは1970年代のリバタリアン党の結党以来、初めて同党に所属する連邦議員となった（州議会などではリバタリアン党の議員は存在する）。ただ、アマッシュは2020年の選挙では再選を狙わず、引退をした。

　かつては、分割政府であっても党派を超えた妥協が一般的だった。正式な党議拘束がない連邦議会では、1970年代あたりには主要法案では党を大きく割って対立党と共同歩調で立法化を進めた。しかし、ここ20年で急速に進んでいる政治的分極化の中、法案についての党内での立場はほぼ全員が一致し、対立党との激しいやり取りの中、話し合いが進まないようになった。政治的分極化が進むと、分割政府になれば議会での立法が急激に膠着状況（グリッドロック）になる。110議会（2007年1月～2009年1月）から116議会の過去14年間、大統領の政党と上下両院の政党が同じである「統一政府（unified government）」はわずか4年間しかなく、分割政府が常態化している。これは、政治が機能不全に陥っていることを示している。

　実際、116議会では、トランプ政権や共和党側が主導するインフラ投資、「米墨国境の壁」、オバマケア廃止、減税、規制緩和などの法案の立法化はほとんど進んでいない。新型コロナウイルス対策の各種法案は、2020年春の段階では緊急時対応として超党派で話し合って立法化されたが、夏に入り、追加経済対策を巡る共和党と民主党のそれぞれの案が大きく異なるようになり、対立が激化した。この夏の新型コロナウイルス追加経済対策は「動かない政治」の典

型例だろう。コロナ禍は深刻さを増しているため、両党が歩み寄る動機はある
はずだが、民主党は 2020 年 5 月に下院で可決した 3 兆ドル規模のコロナ対策
の一環として、失業給付特例加算の延長を求めたが、共和党は全体として対策
の規模を 1 兆ドルにとどめるとして、全く議論がかみ合わなかった。特に、焦
点となっている失業保険の特例加算については、民主党案では上積み額はそれ
までの週 600 ドルだが、財政赤字の額を考慮し、共和党側は 200 ドルへの減額
を強く主張した。予算の権限は本来議会にあるのだが、両党が歩み寄れない中、
トランプ大統領は 8 月 8 日、議会の承認を受けず、失業保険の給付延長や給与
税の納税猶予などを命じる大統領令に署名した。その後、2020 年 12 月には何
とか共和・民主両党が歩み寄ったが、議会の膠着状態の現状を顕在化させてい
る。

2 政治的分極化現象

ここで少し、政治的分極化現象について掘り下げて考えてみたい。政治的分
極化現象はこの 40 年間で徐々に進み、ここ数年は、オバマ政権でさらに顕著
になり、トランプ政権でこれ以上ないほど目立つようになった。オバマ政権と
トランプ政権の支持率の党派別差の推移をみると、この 2 つの政権の間で大統
領を見る見方がさらに極端に党派別になっていることが分かる（ギャラップ[2]調
べ、【図表 1、2】）。2020 年 7 月 30 日から 8 月 12 日のトランプ大統領の全体の
支持率は 42％だが、共和党支持者に限れば 90％、民主党支持者に限れば 5％
であり、85 ポイント差となっている。

第 2 次世界大戦前後のニューディール政策以降続いてきた所得再分配的な考
えに基づく政府の強いリーダーシップによる福祉国家化（経済リベラル路線）
についても、国民世論は大きく分かれていく。リベラル層は強く支持している
ものの、保守層は強く反発し、「レーガン革命」以降の「小さな政府」への志

2) https://news.gallup.com/poll/203198/presidential-approval-ratings-donald-trump.
aspx および https://news.gallup.com/poll/203198/presidential-approval-ratings-
barack-obama.aspx（2020 年 8 月 1 日にアクセス）.

【図表1】 トランプ大統領の党派別支持率

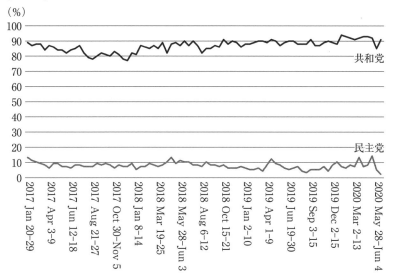

【図表2】 オバマ大統領の党派別支持率

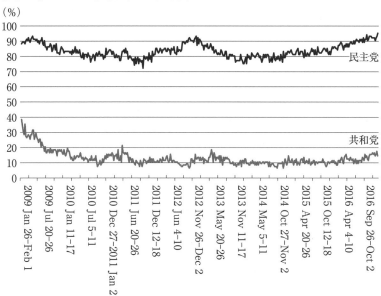

向が強まっていく。

　かつて南部は、南北戦争以前から続く、民主党の地盤であった。民主党内で
も保守を掲げる議員が南部に集まっており、東部のリベラルな民主党議員と一
線を画する「サザン・デモクラット」として党内の保守グループを形成してい
た。しかし、1980年代以降、キリスト教保守勢力と緊密な関係になった共和
党が南部の保守世論を味方につけ、連邦議会の議席を伸ばし、州政府も圧倒す
る。こうして、「サザン・デモクラット」に代わり、南部の共和党化が一気に
進んでいく。東部の穏健な共和党の議員が次第に引退するとともに、「民主党
＝リベラル＝北東部・カリフォルニアの政党」「共和党＝保守＝中西部・南部
の政党」と大きく二分されていく。

　政党支持についても再編成が進んでいく。政党支持でいえば保守層はますま
す共和党支持になり、リベラル層は民主党支持で一枚岩的に結束していく状況
を生み出している。米調査機関のピュー・リサーチ・センターが2020年6月
に発表した共和・民主両党の支持動向の調査[3]によれば、白人の高卒以下の層は、
1998年の時点で、共和党支持（無党派の中の「共和党寄り」を含む、以下同じ）
は41％、民主党支持（無党派の中の「民主党寄り」を含む、以下同じ）は47％だ
った。しかし、現在では共和党支持62％、民主党支持31％と逆転した。黒人
の民主党支持が約8割、共和党支持が約1割という状況は過去20年以上変わ
らないが、アジア系は1998年時点で共和党支持33％、民主党支持53％だった
のが、現在はそれぞれ17％、72％と民主党が圧倒している。また、白人の4
年制大学卒業者は1998年の時点で共和党支持55％、民主党支持37％だったが、
現在はそれぞれ46％、49％と拮抗している（【図表3】）。

　つまり、共和党は生活が決して楽ではないとみられる白人層の支持を保守的
な価値観に訴えてより強固にする一方、民主党はより多様な価値観を受け入れ
ることが政治支持に結びついている。こうした政治的な分断の一端が、人種
問題への抗議デモやそれに対する拒否反応としてより顕著に表れているともい
える。

---

3)　https://www.pewresearch.org/politics/2020/06/25/republicans-democrats-move-
　　even-further-apart-in-coronavirus-concerns/（2020年8月10日にアクセス).

【図表 3】 人種や学歴、階層で割れる政党支持

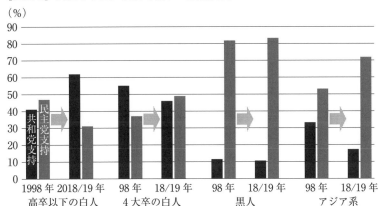

（注）共和党支持、民主党支持にはそれぞれ無党派の「共和党寄り」「民主党寄り」
を含む
（出所）ピュー・リサーチ・センター

3　政治的分極化と議会の分極化

　世論の変化や政党再編成の結果を反映して、連邦議会内では、民主党と共和
党という 2 つの極で左右に分かれるのと同時に、党内の結束も強くなった。ア
メリカの議会には党議拘束はないが、重要法案の中で同じ政党でどれだけ一致
して賛否を投票したかを示す政党結束投票は近年、9 割ほどとなっている（CQ
調べ[4]、【図表 4】）。

　さらに、厄介なことに、ここ数年、両党の議席数は比較的近いため、民主党
と共和党とが激しくぶつかり合い、全く妥協できない状況が続いている。かつ
ては民主・共和両党ともに中道保守的な傾向があり、両党の間の妥協は比較的
容易だったのはおとぎ話のようである。妥協が見いだせないまま、議会は停滞
する。法案が立法化される数もここ数年、大きく減っている。

4）　https://www.rollcall.com/2019/02/28/party-unity-on-congressional-votes-takes-a-dive-cq-vote-studies/ など（2020 年 8 月 15 日にアクセス）.

【図表 4】政党結束投票率

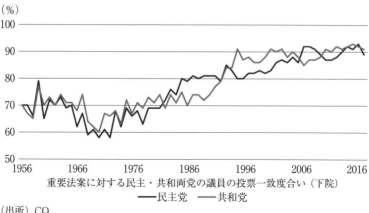

重要法案に対する民主・共和両党の議員の投票一致度合い（下院）
──民主党　──共和党

（出所）CQ

4　連邦議会選挙の「3つの法則」と それを覆した 2020 年選挙

　それでは、2020 年 11 月 3 日の連邦議会選挙の結果によって、この対立や膠着状態は変わってくるのだろうか。事前には民主党側が優位な環境にあり、下院だけではなく、上院も多数派を奪還する可能性が出ていた。しかし、議会の方は予想されていたような民主党側の大勝どころではなかった。

　2020 年 1 月 15 日の段階で確定した議席数について、下院は、民主党が 222（10 減）、共和党が 211（4 増）で、3 議席が未確定となっている。上院では、改選の 35 議席のうち、共和党が 20（1 減）、民主党が 13（1 増）であり、2021 年 1 月 5 日に行われたジョージア州の 2 議席（現在 2 議席ともに共和党）の決選投票では、もともと共和党が強い地盤だったが、最終的には 2 議席とも民主党が取り、上院全体では共和党 50 対民主党 50 と同数（民主党が 4 増）だが、上院議長を兼ねるハリス副大統領が入るため、民主党が多数派となった（民主党側は統一会派の無党派を含む）。

　バイデン氏は大統領選で勝ったが、その分、同じ党の議員の数を増やすいわゆる「コートテール効果」は全くないに等しかった。上下両院も民主党が多数派となるという民主党の「統一政府（unified government）」になるだろうとす

る見方が強かった。

　予想を超える共和党の「躍進」という結果が衝撃を与えている。なぜこうなったのかという推測を含め、連邦議会選挙には独特の「法則」があることを振り返ってみたい。

(1)　3つの法則

　まず、第1の法則は「現職が有利」であるという点である。過去の実績や知名度のために、上下両院の再選率は9割以上であり、現職がいるところで「風が吹く」ことは多くはない。しかし、現職なし（新人同士、新人対元職、元職対元職）は大きな変動がある。この「現職有利」の原則から考えると、不利と言えるのが共和党側だ。

　2020年の下院選挙の場合、435議席の全てが改選となる下院で引退、もしくは上院選などへの転出について、民主党の方は9人にとどまっているのに対し、共和党側は27人と、その差は3倍になっている。その中には、ピーター・キング（ニューヨーク州選出）、ジム・センセンブレナー（ウイスコンシン州選出）ら、長年共和党の顔的存在だった議員が含まれている。辞める共和党議員をみるとどちらかといえば穏健派が目立っているのは、トランプ大統領の政策に対する反発もあるのかもしれない。これに加えて、共和党側には、トランプ政権での公職就任のための辞職が2（マーク・メドウズ首席補佐官＝ノースカロライナ州選出、ジョン・ラトクリフ国家情報長官＝テキサス州選出）、選挙資金不正での辞職1（ダンカン・ハンター＝カリフォルニア州選出）もある。上院の引退議員も民主党が1、共和党が3と共和党が2議席多い。

　ただ、上院の場合、引退議員の差よりも重要な法則がある。それは、100人の議員のうち3分の1の改選となる中、「改選が多い党が不利」という第2の法則だ。2020年選挙の場合、35議席改選のうち民主党が12であるのに対し、共和党は23と倍近く多く、改選が偏っている。これは、6年前の2014年選挙で、共和党側の議席数が急伸した反動である。上述の通り、現在、共和党と民主党の議席数は僅差であり、4つの議席が入れ替われば共和党は多数派を失う。ともに50議席と同点になった場合、副大統領が議長を兼ねるため、大統領選挙の結果次第で、3議席を失っただけで多数派を民主党に奪われる可能性があり、

それが現実となった。

　第3の法則は、「分極化の中、大統領選挙の動向が議会選挙にも大きく影響する」という点である。以前なら州ごとの政治風土なども大きく異なっていたため、大統領選挙とは別の論理で連邦議会選挙は行われるとみられていた。それもあって、「バランスを取る」ために、大統領と連邦議員の候補者とを別々の政党に投票する「スプリット・ボート（split vote）」も、1970年から80年代にかけてはかなり目立っていた。しかし、この現象は今ではすっかり過去のものとなってしまった。有権者も党派的になり、大統領選挙と議会選挙には大きな相関がある。例えば共和党支持者なら、トランプ大統領に投票する人は、上下両院では共和党の候補者を選ぶという投票行動が定着している。「スプリット・ボート」がほとんどないということは、共和党の議会候補者たちはトランプ大統領と一蓮托生を迫られることになる。トランプ大統領に対する支持が伸びれば、自分の選挙も安泰だが、逆の場合、一気に先行きは不透明になる。

　以上の「3つの法則」を考えると、2020年の議会選挙は共和党に明らかに逆風だった。まず下院の方は、議席数や引退議員の差などを考えると民主党有利であるといえるだろう。一方で上院の場合には、改選数の差で共和党側が厳しい戦いを迫られた。トランプ氏は2期目を目指す現職としては最大の7,400万票を得たほか、得票数では「51％対48％」と僅差だった。しかし、それでもバイデン氏が勝利した事実は変わらない。

(2)　2020年選挙での共和党の「躍進」の理由

　共和党の「躍進」の理由については、様々な議論がある。

　まず、コロナ禍の中、選挙運動での差がついたという説がある。アメリカでは認められている戸別訪問について、共和党側は今年も徹底したのに対し、民主党側は「ソーシャルディスタンス」を保つために、党の意見もあってほとんどさせなかった。

　また、戸別訪問の時に伝えるメッセージにしろ、選挙CMに含める内容にしろ、共和党側の「脅しの言葉」が強烈だったという指摘も少なくない。共和党の各候補は共通して「民主党なら増税、規制強化で大不況の時代となる」「民主党なら警察予算大削減、治安の不安で大混乱」という言葉を繰り返した。コ

ロナと人種差別反対デモが大きな関心事となったため、この手の言葉は潜在的
な共和党支持者を動かしたのかもしれない。

　同じような言葉はトランプ氏も繰り返したが、実際に各種立法を担当する議
員選挙の方により大きな影響があったのかもしれない。特に「スクワッド（Squad）」
と呼ばれる民主党の急進的な 4 人の女性議員（オカシオ・コルテス氏、タリーブ氏、
レスリー氏、オマール氏）を引き合いに出して、「民主党なら社会主義」と共和
党側が訴えたのは効果的だったのであろう。この 4 議員に対しては選挙後、民
主党の穏健派から今回の選挙の責任論すら出始めている。さらに「中道」で討
論会などにおいてより広い支持層を得るために、討論会では政策についてあい
まいな言葉を続けてきたバイデン氏への求心力自体が限られていたため、それ
が議会選挙に影響したという見方もあろう。

　さらに、個々の選挙区の事情が大きいこともある。個々の選挙区の事情がか
なり異なっていて、全米規模の流れが当てはまらないケースも少なくないため
だ。その事情とは、スキャンダルや現職の地元での評判の良さ、さらには資金
力の差など、様々ある。様々あるために、全米規模の動向では説明しきれない
というわけである。

　議会選挙では、たまにこのようなことが起こる。分かりやすい例が 1998 年
の中間選挙だった。この年はクリントンの不倫偽証疑惑があり、「瀕死の民主党」
などと事前に指摘されていた。しかし、結果をみると、上院（改選 34）では議
席数は変わらず、下院では民主党が 5 議席伸ばした。その理由は、「個々の選
挙区の事情だったのでは」と結論付けられている。

　また、「もしかしたら」と筆者自身が想像しているのは、郵便投票がもたら
した影響である。上述のように、ここ数回の選挙では、同じ政党の大統領と議
会選挙の候補者を同じ政党に投票することが圧倒的に多く、1970 年代から 80
年代にかけて目立っていた大統領と議会を分け、別の党の候補者に入れる「ス
プリット・ボート」がほぼ消滅していた。しかし、郵便投票でさらに時間を取っ
て考えることができる。その中、もしかしたら「スプリット・ボート」が復
活したのではと推測している。

　この結果はいずれ分かるだろうが、いずれにしろ、2020 年の議会選挙はと
ても興味深い結果であり、バイデン氏にとっては極めて厳しい船出となる。

1992年（クリントン氏）、2000年（ジョージ・W・ブッシュ氏。上院は50対50だったため、副大統領分が加わることで多数派）、2008年（オバマ氏）、2016年（トランプ氏）と、ここ30年の新政権のスタートは大統領の政党と上下両院の多数派党が一致する「統一政府」だった。バイデン政権も何とか統一政府から始まることとなったが。

　バイデン氏は、公約の一環として景気回復に向けて、自動車などの国内生産製品の購入促進策や、新エネルギーなど新たな産業や技術に3,000億ドルを投資し、300万人の雇用創出を主張している。しかし、これはまだ絵に描いた餅であり、共和党側からの反発は必至だ。上院でどれだけ共和党穏健派を崩せるかが鍵となる。その意味ではとても重大な選挙結果だったといえる。

5　分極化を超えて──収斂の可能性がある動き

　上述のように、議会における分極化が半ば固定化しているのが現状である。ただ、それでも共和・民主両党が歩み寄れる「収斂」の萌芽もみえないことはない。

　4つあげてみたい。

　まず第1に、財政出動に関する否定的な感情が一時的に薄らいでいる点である。2021年1月以降、財政赤字は大きな問題となるが、コロナ対策の追加支援策などは実際問題として今後も不可欠である。

　政治的な対立争点として、117議会でバイデン政権に対し共和党側は「財政規律」「政府の無駄遣い」を強く訴える前のパターンに逆戻りとなるかもしれない。一方で、どちらの政権になっても議会の共和党側は「減税による経済活性化、税収増。結果としての財政再建」といういつもの主張をするのだろう。いまはみえない緊縮財政組も、その中で少しずつ復活するのかと想像する。それでも、この政治的な対立を上回る経済状況の悲惨さに直面することで、緊縮財政（財政保守）へのベクトルは一定程度にとどまってしまう可能性が高い。

　第2に、安全保障についても「世界の警察官」から「引いていくアメリカ」にベクトルは大きく変わりつつあり、共和・民主両党の歩み寄りもある。トランプ大統領が主張した「アメリカはもはや世界の警察官ではない」という言葉

をそれ以前に宣言したのは、民主党のオバマ大統領だった。トランプ氏だけではなく、2016 年と 2020 年の 2 回の民主党予備選で健闘したサンダース氏も軍事予算の大幅削減を主張してきた。左右共通した「ポピュリズム的な」現在の動きにつながっている。その背景には、「国際社会における積極的なアメリカの役割」という求心力の低下もある。また、「リベラル自由主義」そのものに対するアメリカ国民の不信感もある。

　第 3 に、「自由貿易」に対する懸念である。自由貿易というアメリカが第 2 次世界大戦後の覇権の中で最も重要視していた国際貿易上の規範に対して疑いの目でみるようになりつつあるのは、共和・民主両党同じである。トランプ政権の訴える貿易政策の根本にあるのは、「公正かつ相互的な」貿易である。環太平洋パートナーシップ協定（TPP）からの脱退から始まり、北米自由貿易協定（NAFTA）と米韓自由貿易協定（米韓 FTA）の見直しを行った。民主党側からは反発が出たが、このうち、TPP については雇用流出だけでなく、環境問題の観点からも反発が出ており、「反 TPP」は党派を超える動きもある。移民に対する態度は右派ポピュリズムに目立っているが、「雇用の流出」という言葉に敏感になっているのは共和党側も民主党側も同じであり、新たな自由貿易協定のような動きはなかなか見えにくい。自由貿易への懐疑は、党派を超える動きも見えつつある。

　第 4 に、長く続くとみられる米中新冷戦の中、中国に対する厳しい対応は党派を超えていくであろう。貿易不均衡や安全保障上の懸念に加え、ウイグル、チベット、香港などでの人権問題、不透明なコロナ対策など、アメリカ国内では民主党側でも対中世論が急激に悪化しており、中国はバイデン政権でも「宿敵」となる状況は変わらない。

　ただ、それでもバイデン政権では温室効果ガス対策を重視していく点はトランプ政権とは雌雄を決する。中国への圧力は、環境や人権などの政策を安全保障と同列に議論されていくであろう。対中高関税はアメリカにとってもプラスとはいえないという見方も民主党内にあるため、トランプ氏のように関税と安全保障問題をてんびんにかけた交渉だけでなく、環境政策などを引き合いに出して中国と交渉を進めていく可能性がある。

まとめにかえて

　それでも、分極化そのものはまだ当分は変わらないだろう。民主党の統一政府で「動かない政治」は少しずつ解消される可能性もある。ただ、話し合いができない中、数の論理で共和党側の意見を押さえつけるような動きになると、少数派となった共和党側の支持者の不満が高まるだけだろう。

　一方の極である保守側に大きく依拠する形で当選したトランプ政権の誕生の背景にあるのは、この強い政府不信であるといえる。ソーシャルメディアの普及によって、政治的・思想的な立ち位置が違う相手を容赦なく攻撃することも日常的な現象となった。2回にわたるトランプ大統領の弾劾問題についても極めて党派的な対立が世論でも目立っており、ソーシャルメディアでは対立する意見に対する罵倒が目立っていた。根本にある政治的分極化は当分、解消されるとは思えず、社会問題について全く話し合えないような状況が続いている。アメリカ政治の機能不全が解消されるには当分、時間がかかりそうだ。

第**3**章

アイデンティティ・ポリティクスの激化

松井孝太

はじめに

　トランプ政権期のアメリカ政治を特徴づける現象のひとつが、アイデンティティ・ポリティクスの激化である。アイデンティティ・ポリティクスという言葉は、1970年代以降、主として、黒人差別の是正を求める公民権運動や女性の地位向上を訴えるフェミニズム運動など、人種や性をめぐるアイデンティティを原動力とした社会運動の政治と、それらの運動によって生じた民主党の性格変化という文脈で議論されてきた[1]。しかしトランプ政権期は、アメリカ社会において長らく多数派であった白人労働者層のアイデンティティが政治的に顕在化し、共和党を大きく変化させたという点で、アメリカ政治におけるアイデンティティ・ポリティクスに新たな局面をもたらすものであった。

　ただし、アイデンティティの基盤を人種や性に限定せず、より広く政党政治との関連で捉えると、自らが民主党支持者あるいは共和党支持者であるという「党派的アイデンティティ」の強まりは、トランプが登場する以前から続いてきた現象である。トランプ政権の誕生は、そのような党派的アイデンティティをめぐる対立の激化と分極化の帰結とも考えられる。そこで本章では、1970

---

1) マーク・リラ（夏目大訳、駒村圭吾解説）『リベラル再生宣言』（早川書房、2018年）65-102頁。

年代からトランプ政権に至る過程で、人種・エスニシティと党派的アイデンティティとの間の連関がいかに強化されてきたのかを論じる。その上で、2020年大統領選挙結果について、アイデンティティ・ポリティクスの視点から若干の考察を行う。

1　党派的アイデンティティの強まりと分極化

　人種や民族は、アメリカ政治の構造的変数として常に重要な役割を果たしてきた。特に人種的アイデンティティをめぐる亀裂は、奴隷制や南部州の自律性をめぐる対立から現在のブラック・ライブズ・マター運動に至るまで、しばしば政党制を横断する主要な対立軸を形成してきた。さらに近年のアメリカ政治には、分極化が本格化した1970年代以前とは異なる重要な特徴がある。それは、自らが民主党支持者あるいは共和党支持者であるという党派性が、極めて強力なアイデンティティとして政治行動や社会生活に幅広く影響を与えるようになっている点である。そしてトランプ政権期には、そのような党派的アイデンティティを基盤とした対立がさらに鮮明化した。

　これまでアメリカ政治における分極化の研究では、具体的な政策争点やアクターのイデオロギー位置との関連で分極化の進展が議論されることが多かった。そこでの「イデオロギー」は、主として、様々な政策争点に対する立場の一貫性として捉えられる。すなわち、税制や財政政策、銃規制、人工妊娠中絶などの様々な争点に関して特定の立場をパッケージとして支持している場合に、保守ないしリベラルであると理解される。そして、異なるパッケージを支持する2つの集団の内的凝集性が高まるとともに、相互の距離が拡大しているという状況が分極化であるとされる。このような観点から見ると、大統領や連邦議会議員などの政治エリートや政治活動家が分極化していることは、連邦議会での投票行動データなどの分析によって繰り返し見出されてきた[2]。

　それに対して、一般有権者の中でも同様に分極化が生じているのかについて

---

2)　Nolan McCarty, Keith T. Poole, and Howard Rosenthal, *Polarized America: The Dance of Ideology and Unequal Riches*, MIT Press, 2016.

は、アメリカ政治研究者の間でも見解が対立してきた。政治学者のアラン・エイブラモウィッツらは、1972年から2004年にかけて、中道に位置する有権者が減少しており、民主党支持者と共和党支持者との間のイデオロギー距離の拡大も見られるとして、一般有権者レベルでも分極化が進んできたと主張している[3]。その一方で、同じく政治学者のモーリス・フィオリーナらに代表される研究者たちは、多くの政策争点において一般有権者は中道的な立場を維持しているとして、有権者レベルでは分極化がそれほど進んでいないと主張してきた[4]。

　このような論争は、有権者のある種の合理性や政策争点に関する理性的な判断の次元における分極化の有無を対象としている。しかし近年、必ずしも政策争点とは直結しない次元において、有権者レベルの分極化が顕著になっている。それは、政党支持と結びついたアイデンティティの強まりと、対立政党に対する不信感の高まりとして現れる「感情的分極化（affective polarization）」の進行である。すなわち、現在の民主党と共和党との間の対立は、議員や大統領などエリート・レベルで顕著な政策的立場の乖離にとどまらず、有権者レベルまで広がる集団意識をベースとした党派的アイデンティティの衝突という様相も呈しているのである。

　民主党支持者と共和党支持者との間の感情的分極化の進展を示す指標のひとつが、支持政党と対立政党のそれぞれに対してどの程度好感を持っているのかを示す感情温度計（feeling thermometer）である。感情温度計とは、ある対象に対する好感度を、0度（悪い）から100度（良い）の間で回答することを求める質問項目である。【図1】は、一般有権者を対象として全米選挙調査（ANES）が継続的に実施してきた各政党に対する感情温度の変化を示している。支持政党と対立政党に対する感情温度の差は1978年には22.64度であったが、2016年には40.87度にまで拡大している。その主な要因は、支持政党に対する好感度の上昇ではなく、対立政党に対する好感度の急激な低下である。つまり、一

3)　Alan I. Abramowitz, and Kyle L. Saunders, "Is Polarization a Myth?", *The Journal of Politics* 70.2 (2008): pp.542-555.
4)　Morris P. Fiorina, Samuel A. Abrams, and Jeremy C. Pope, "Polarization in the American Public: Misconceptions and Misreadings", *The Journal of Politics* 70.2 (2008): pp.556-560.

【図 1】 支持政党と対立政党に対する感情温度の変化

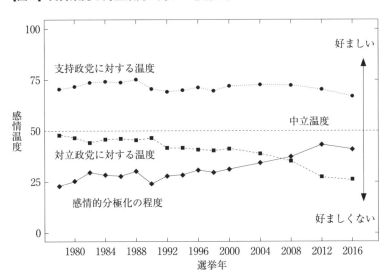

出 典：Shanto Iyenger et al. "The Origins and Consequences of Affective Polarization in the United States." *Annual Review of Political Science* 22（2019）: 132.

般有権者は、仮に政策的立場の一貫性という次元では明確に分極化していないとしても、心理的・感情的な次元で、対立政党を信頼できないという状況が生まれているのである。

　対立政党に対する不信感が如実に表れているのが、大統領支持率における党派的分極化である。【図2】は、政党支持ごとに見た大統領支持率の推移を示している。アイゼンハワーやケネディ、ジョンソンなど、20世紀半ば頃までの大統領は、大統領政党支持者だけではなく、対立政党の支持者からも5割近い支持を得ていた。それに対して、最近の大統領になるほど、支持政党による支持率の分極化が明確になっている。大統領政党の支持者からの支持率は大きく変わっていないのに対して、対立政党支持者からの支持を得ることが極めて難しくなっているからである。超党派的融和を訴えて2008年大統領選挙に勝利したオバマ大統領ですら、実際には記録史上最も支持率が分極化した大統領となった。

【図2】大統領支持率の分極化

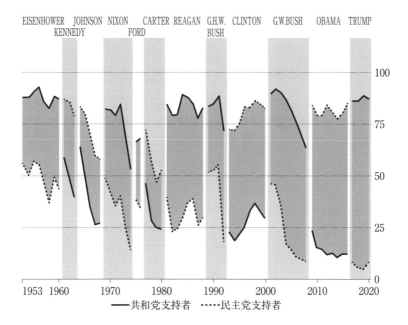

出 典：Amina Dunin, "Trump's approval ratings so far are unusually stable and deeply partisan", *Pew Research Center*, August 24, 2020（https://www. pewresearch.org/fact-tank/2020/08/24/trumps-approval-ratings-so-far-are-unusually-stable-and-deeply-partisan/).

　そしてこの傾向は、トランプ政権期にさらに明確化した。共和党支持者のトランプ大統領支持率は、様々な失言やスキャンダル、政策的失敗によってもほとんど影響を受けず常に9割近くを維持した。それとは対照的に、トランプ大統領の4年間の任期中、民主党支持者からのトランプ支持率が1割を超えることはなかった。2020年大統領選挙では「トランプ以外なら誰でもよい」という民主党支持者の声がしばしば報じられたが、実際には、「共和党候補以外なら（民主党候補なら）誰でもよい」あるいは「民主党候補以外なら（共和党候補なら）誰でもよい」という状況が様々なレベルの選挙で生じているのである。
　党派性が人種や性と比肩するアイデンティティとしての性質を強めてきたことが、投票行動などの狭い意味での政治空間を超えた影響力をアメリカ人の社

会生活に及ぼすようになっている。シャント・アイエンガーらの研究によれば、子供が対立政党の支持者と結婚することや、対立政党の支持者の近隣に居住することに関して抵抗感を抱くアメリカ人が増加しつつある[5]。さらに、労働市場での採用行動やオンライン交際相手マッチングなど、社会生活の様々な局面において、対立政党支持者を敬遠する現象が見られることが多くの実証研究で明らかになっている[6]。分極化という現象が、単に政策争点に関する立場の乖離だけではなく、アイデンティティをめぐる対立という性格を帯びているとすれば、仮に今後いくつかの政策争点において共和党と民主党との間で収斂が生じたとしても、現在のアメリカ社会の根深い分断状況の解消が必ずしも容易ではないことが予想される。

　それでは、なぜこのような感情的分極化が生じてきたのか。政治学者のリリアナ・メイソンは、20世紀後半以降、二大政党の支持基盤の再編成が進んだことによって、人種や宗教などの社会的アイデンティティと支持政党がかつてなく合致するようになってきた点を指摘している[7]。1960年代まで、民主党は北部の移民や労働者層だけでなく、南部の保守的な白人有権者層も内部に抱えており、極めて不均質な存在であった。人種や宗教などのアイデンティティと、政党システムは、必ずしも明確に一致するものではなかったのである。しかし、1960年代以降、公民権法制定を経て黒人の民主党流入が加速し、民主党がマイノリティの政党という性格を強める一方で、南部では保守的な白人有権者層の共和党化が進んだ。その結果次節で概観するように、人種と政党支持の連関が、近年になるほど強まってきた。また保守派は共和党、リベラル派は民主党というように、イデオロギーによる支持政党のソーティング（整序）も行われた[8]。

---

5)　Shanto Iyengar, Gaurav Sood, and Yphtach Lelkes, "Affect, Not Ideology: a Social Identity Perspective on Polarization", *Public Opinion Quarterly* 76.3 (2012): pp.405-431.

6)　Shanto Iyengar et al, "The Origins and Consequences of Affective Polarization in the United States", *Annual Review of Political Science* 22 (2019): p.132.

7)　Lilliana Mason, *Uncivil Agreement: How Politics Became Our Identity*, University of Chicago Press, 2018.

8)　Matthew Levendusky, The Partisan Sort: How Liberals Became Democrats and Conservatives Became Republicans, University of Chicago Press, 2009.

イデオロギーと支持政党の一致性が高まり、さらに人種アイデンティティとの結びつきがより明確になることで、党派的アイデンティティにもとづく感情的分極化が進んできたのである。

2　人口動態変化と政党支持

　2大政党のイデオロギー的均質化と同時に進んできたのが、アメリカ社会の人種的多様化と白人比率の長期的低落という巨大な人口動態上の変化である。1900年には、非白人人口はおよそ8人に1人に過ぎなかった。しかし、1970年代以降、非白人割合は急上昇し、1990年には5人に1人、2000年には4人に1人が白人以外の人種カテゴリーに該当するようになった。国勢調査局の発表では、2017年から2060年にかけてアメリカ全体の人口は7,900万人の増加が見込まれているが、ヒスパニックを除く白人人口については、2020年から2060年の間に約2,000万人減少することが予測されている。それに対して、最も増加すると考えられているのが、複数の人種カテゴリーに該当する人々であり、それに次いでアジア系とヒスパニックが人口増加の原動力になると見込まれている。そして、2045年には、白人が人口全体で半数を下回るという、いわゆる「マジョリティ・マイノリティ」の状況が出現することになる[9]。

　そのような人口構造の変化と並行して、1960年代以降、人種やエスニシティと二大政党の支持の連関が強まってきた。民主党が、黒人やアジア系などマイノリティ有権者の支持をより強固にしてきたのに対して、共和党は相対的に白人有権者の支持に頼る構図となっている。【図3】は、民主党と共和党の支持者について、人種と学歴ごとの割合を見たものである。1996年から2018年の間に、非白人が有権者全体に占める割合は15％から31％に上昇した。それを反映して、共和党支持者に占める非白人割合も、6％から17％に上昇している。しかし、より大きく変化しているのが民主党の支持者構成である。1994年に

9）　Jonathan Vespa, Lauren Medina, and David M. Armstrong, "Demographic Turning Points for the United States: Population Projections for 2020 to 2060", U.S. Census Bureau, February 2020.

【図3】二大政党支持者の人種・学歴

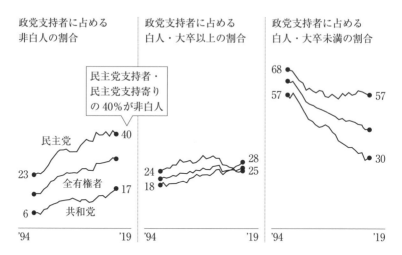

政党支持者に占める　政党支持者に占める　政党支持者に占める
非白人の割合　　　　白人・大卒以上の割合　白人・大卒未満の割合

（注）有権者登録をした有権者が対象。白人にはヒスパニックを含まない。非白人には黒人、ヒスパニック、アジア系、その他の人種・複数以上の人種が含まれる。
出典：Pew Research Center

は23％であった非白人割合は、2019年には40％に達している。

　それと反比例するように、大卒未満の白人有権者が支持者に占める割合は、共和党が68％から57％と小幅な変化にとどまるのに対して、民主党では57％から30％へと急落している。共和党よりも民主党の方が経済政策や再分配政策においてより低所得者に有利な政策的立場を採ってきたことを考えると、このような党派性の変化は、客観的には有権者の経済的利害に反するものに見える。ジャーナリストのトーマス・フランクが論じているように、経済的には豊かではないが、文化的に保守的な有権者にとって、共和党が民主党よりも親和的な政党となってきたことが、低学歴の白人有権者層が民主党から共和党に移行してきた一因であると考えらえる[10]。

　ただし、白人が必ずしも一枚岩的な存在ではないという点には注意が必要で

---

10)　Thomas Frank, *What's the Matter with Kansas?: How Conservatives Won the Heart of America*, Picador, 2007.

ある。【図3】に示されているように、白人の中でも大卒以上の有権者層に限定すると、民主党支持者と共和党支持者に占める割合に大きな変動はない。むしろ、長らく共和党が優位であった状況が、近年では逆転していることが見て取れる。共和党が環境保護や進化論など科学的知見に対してしばしば否定的な立場を示したり、ポピュリズム的な性格を強めたりする中で、白人の高学歴層の一部が民主党支持に流れるという状況が生じているのである。

　アジア系有権者層の政党支持も、経済的立場だけでは理解が困難な例である。アジア系有権者が有権者人口全体に占める割合は2015年推計で4.1％に過ぎないが、移民の増加によって、近年その存在感を急速に増しつつある。アジア系人口は、1,190万人（2000年）から2,040万人（2015年）と、15年間で約72％増加した。特にカリフォルニア州では、アジア系有権者が州の有権者全体の13.5％を占めるに至っている。シリコンバレーが位置する連邦議会下院の第17選挙区のように、半数近くがアジア系という選挙区も存在する[11]。

　近年の選挙におけるアジア系有権者の民主党への投票割合は、民主党の固い地盤である黒人有権者には及ばないものの、白人有権者と比較して有意に高い。2016年の大統領選挙において、アジア系有権者は、民主党のクリントンに38ポイントのリードを与えた。所得水準が比較的高いアジア系有権者のこのような投票行動は、有権者の所得の高さと共和党支持には正の相関が存在するという伝統的な投票行動のパターンからは説明しにくい現象である。

　アジア系有権者を民主党支持に向かわせてきた要因に対するひとつの答えを提示しているのが、アレクサンダー・クオらによる研究である[12]。クオらの実験研究では、ある政党が、人種や民族を理由として自分たちをアメリカ社会から排除しようとしていると感じる有権者ほど、その政党に対する支持を弱める傾向があることが明らかになった。すなわち、所得にかかわらず「本当のアメ

11)　Electorate Profiles: Selected Characteristics of the Citizen, 18 and Older Population（https://www.census.gov/data/tables/time-series/demo/voting-and-registration/electorate-profiles-2016.html）.

12)　Alexander Kuo, Neil Malhotra and Cecilia Hyunjun Mo. 2016, "Social Exclusion and Political Identity: The Case of Asian American Partisanship", The Journal of Politics, 79(1): pp.17-32.

リカ人」として認められていないというアジア系有権者の疎外感が、相対的に
マイノリティ集団に好意的な民主党への支持を強める役割を果たしているので
ある。ここにも、人種アイデンティティと党派的アイデンティティの関連性の
強まりを見ることができる。

　このように近年では、共和党は民主党と比較して、相対的に白人有権者層の
支持に依存するという状況が生じてきた。しかし、マイノリティ人口の増加が
予想される以上、非白人有権者層の支持を拡大できなくては、長期的には共和
党が少数党の地位に固定されるという懸念も持たれてきた。実際に、トランプ
台頭以前の共和党内では、マイノリティ有権者層の支持拡大を目指す動きがし
ばしば見られた。まずジョージ・W・ブッシュ政権期には、ヒスパニック有権
者層の支持拡大を見込んだ移民制度改革が試みられた。またロムニーが2012
年大統領選挙でオバマに敗れると、共和党全国委員会は敗北理由を分析する報
告書を発表した。そこでは、ヒスパニックやアジア系のマイノリティ有権者が、
共和党から歓迎されていないと感じているという問題意識が提示されており、
包括的な移民制度改革を支持することが望ましいという提言が行われている[13]。

　しかし、アメリカ社会の人種的多様化が進む一方で、これまでアメリカ社会
で多数派であった白人有権者層の間では、アファーマティブ・アクションなど
の政策によって優遇されたマイノリティが、不当に「列に割り込んでくる」の
ではないのかという意識も根強く存在してきた[14]。特に、賃金上昇の停滞など
によって経済的繁栄から取り残されたと感じる白人労働者層の間には、経済不
安と同時に、自分たちの集団の地位が脅かされているという認識が広まった。
2016年大統領選挙でアウトサイダー候補として参入したトランプは、イスラ
ム教徒の入国制限やメキシコからの移民の制限と国境の壁の建設など、有権者
レベルで存在するこのような白人労働者層の憤りと反移民感情を正面から取り
上げて勝利したことで、共和党の進路に重大な修正を迫ったのであった。そも

13）　Republican National Committee, "Growth and Opportunity Project", July 2013（https://
assets.documentcloud.org/documents/623664/republican-national-committees-
growth-and.pdf）.
14）　A. R. ホックシールド（布施由紀子訳）『壁の向こうの住人たち——アメリカの右派
を覆う怒りと嘆き』（岩波書店、2018年）194-197頁。

【表1】2016年大統領選挙の出口調査結果（単位％）

人種・エスニシティ	トランプ	クリントン
白人	58	37
黒人	8	88
ヒスパニック	29	65
アジア系	29	65

人種と学歴	トランプ	クリントン
白人・大卒	49	45
白人・大卒未満	67	28
非白人・大卒	23	71
非白人・大卒未満	20	75

出典：Edison Research for the National Election Pool

　そも2016年大統領選挙に先駆けてトランプが政治との関連で注目を集めたひとつの契機が、大統領就任要件として憲法上課されている出生国要件をオバマ大統領が実際には満たしていないと疑念を投げ掛けるバーサー（Birther）運動であったことも改めて注目されよう。

　ただし、上述のように、白人が均質的な集団として共和党支持を強めてきたわけではない点には注意が必要である。白人の中でも、トランプ支持の傾向が特に強いのは、主として大卒未満の有権者層である。【表1】は、2016年大統領選挙の出口調査結果を示している。白人全体では58％がトランプに投票し、クリントンに対して20ポイント以上のリードを獲得した。しかし、大卒以上に限定すると、白人有権者の間でもトランプのリードはごくわずかにとどまる。それに対して白人の大卒未満層では、トランプが67％と、クリントンに40ポイント近い大差をつけている。

　ミシガン州、ペンシルベニア州、ウィスコンシン州など中西部のラストベルト地域では、事前の世論調査でリードするクリントンの勝利が高確率で予想されていたが、実際にはトランプが勝利を収めた。そのような世論調査と選挙結

48

果の乖離が生じた要因として考えられているのが、まさにこのような低学歴の白人労働者層の動向である。世論調査では、トランプ支持が強い大卒未満の白人有権者を、実際の投票者に占める割合よりも過小に評価してしまっていたのが、選挙当日のサプライズを引き起こしたと考えられている[15]。

3　ブラック・ライブズ・マター（BLM）運動をめぐる世論の分裂

　2008年大統領選挙でのオバマ勝利による初の黒人大統領の登場は、アメリカに根強く存在してきた人種差別問題の改善を期待させるものであった。しかし実際には、オバマ政権期に人種間緊張はむしろ高まることとなった。黒人差別問題の是正を掲げてトランプ政権期に盛り上がりを見せたブラック・ライブズ・マター運動も、もともとはオバマ政権期に始まったものである。その直接的な契機となったのは、2012年2月に、フロリダ州サンフォードで17歳の黒人少年トレイボン・マーティンが自警活動をしていたヒスパニック系青年に射殺された事件である。加害者は逮捕されたものの、裁判では正当防衛法が適用されて無罪となったため、司法における黒人差別の表れであるとして抗議デモが発生した。それと同時にソーシャル・メディアで広がったのが、黒人の生命も白人と同様に尊重すべきであるとする「＃ブラック・ライブズ・マター」というハッシュタグであった。さらに2014年には、ミズーリ州ファーガソンやニューヨーク市で黒人男性が白人警官による逮捕時に死亡する事件が立て続けに発生し、黒人容疑者に対する行き過ぎた警察活動に抗議するデモが全国的に拡大していった。

　2016年大統領選挙で人種差別問題に対して冷淡な態度を示してきたトランプが勝利すると、抗議デモはさらに加熱した。2020年5月には、ミネソタ州ミネアポリスで黒人男性ジョージ・フロイドが白人警官の制圧時に死亡する事件が発生し、その映像がソーシャル・メディアなどで拡散したことで、ブラッ

15)　Courtney Kennedy, et al, "An Evaluation of the 2016 Election Polls in the United States", *Public Opinion Quarterly* 82.1 (2018): pp.1-33.

ク・ライブズ・マター運動は世界的な広がりを見せるに至った。しかし、激しさを増すブラック・ライブズ・マター運動のデモは、右派のカウンター運動との間で衝突を生じさせた。特に、南軍旗や南軍指導者像など各地に残る奴隷制時代の遺産の撤去や、警察予算の剥奪（defund the police）のような左派の要求は、「法と秩序」を重視する保守派の感情的反動をも引き起こすこととなった。ブラック・ライブズ・マター運動の激化に対して、トランプ大統領は、同運動が「憎悪のシンボル」であり、民主党が大統領選挙に勝利した場合の暴力的な未来を予兆させるものであると述べるなど、党派的アイデンティティを喚起する発言を繰り返した。

　トランプ大統領の主張に呼応するように、ブラック・ライブズ・マター運動に対する世論の支持には、有権者レベルで党派的な分極化が見られる。2020年8月末にCNNとSSRSが実施した世論調査によると、ブラック・ライブズ・マター運動に好意的な意見を持つ割合は、民主党支持者が83％だったのに対して、共和党支持者は17％に過ぎなかった[16]。なお同調査では、人種ごとの回答結果も示されている。ブラック・ライブズ・マター運動に対しては、白人回答者の51％、非白人回答者の54％が好意的な意見を持っていると回答しており、両者にはさほど違いが見られない。つまり、人種差別問題を争点とするブラック・ライブズ・マター運動に対する意見の対立を生み出しているのは、人種アイデンティティ以上に、民主党支持と共和党支持という党派的アイデンティティであることが示唆されている。

　さらに、ブラック・ライブズ・マター運動に限らず、人種差別問題そのものの重要性に対する意識においても党派的な分極化が生じており、大統領選挙が近づくにつれてその傾向はさらに拡大している。2020年6月に実施されたCNN世論調査では、共和党支持者の43％が人種差別はアメリカ社会の重要な問題であると回答していたが、8月末の調査では22％に低下している。民主党支持者についても6月調査の90％から8月調査の84％と低下傾向が見られるが、特に共和党支持者の間でブラック・ライブズ・マター運動に対する否定的な見

---

16)　Jennifer Agiesta, "CNN Poll: Views on Racism, Protests Grow More Partisan This Summer", CNN. September 4, 2020.

方が広がったことが、党派間の差を拡大した主要因であると考えられる。2020年大統領選挙後に実施された出口調査では、ブラック・ライブズ・マター運動に対して、バイデン投票者の78%が好意的であるのに対して、トランプ投票者の86%が否定的な意見を持っていると回答している[17]。

おわりに

　2020年11月3日に実施された大統領選挙では、2016年大統領選挙でトランプに敗北を喫した中西部のウィスコンシン州、ミシガン州、ペンシルベニア州を民主党が奪還し、さらに長らく共和党優位が続いてきた西部アリゾナ州と南部ジョージア州を獲得したことで、民主党のバイデンが勝利を収めた。獲得した選挙人の数はバイデン306人に対してトランプ232人と、トランプが勝利した2016年大統領選挙の結果をほぼ裏返す結果となった。このような選挙結果をアイデンティティ・ポリティクスとの関連でどのように解釈すべきなのかについては、すでに対照的な見方が現れている。

　一方では、本章で論じてきたような党派的アイデンティティの堅固さが、今回の大統領選挙でも示されたといえる。2020年初頭から続く新型コロナウイルス感染拡大に対するトランプ政権の対応失敗や、世論調査におけるバイデンの持続的な優勢により、ミシガン州、ペンシルベニア州、ウィスコンシン州などの接戦州でもバイデンが実質的な差をつけて勝利することが予想された。しかし実際には、フロリダ州でトランプが勝利し、ラストベルト地域でもバイデンが辛うじて勝利するなど、事前予測以上の接戦となった。

　大統領選挙の直後に実施された出口調査によれば、バイデン投票者の68%が、「アメリカにおける人種差別は重要な問題である」と考えているのに対して、トランプ投票者の84%が「重要な問題ではない」と回答している。またコロナ禍が回答者個人に与えた影響に関しては、バイデン投票者の69%が「深刻な金銭的打撃」を受けているとするのに対して、トランプ投票者の60%が「全

---

17)　CNN出口調査（https://edition.cnn.com/election/2020/exit-polls/president/national-results）。

【表2】2020年大統領選挙の出口調査結果（単位％）

人種・エスニシティ	トランプ	バイデン
白人	57	42
黒人	12	87
ヒスパニック	32	66
アジア系	31	63

人種と学歴	トランプ	バイデン
白人・大卒	49	49
白人・大卒未満	64	35
非白人・大卒	27	71
非白人・大卒未満	26	72

出典：Edison Research for the National Election Pool

く金銭的打撃はない」と答えている。さらには、トランプ投票者の実に95％が、トランプはバイデンよりも「コロナ禍により適切に対応できる」と回答している[18]。コロナ禍という未曽有の外的ショックが大統領選挙の構図を変化させるという一部の予想に反するこのような結果は、客観的な情勢判断や大統領の業績評価に対しても、党派的アイデンティティが強力な影響を与えていることを改めて明らかにしたといえよう。

　また、【表2】は同じく大統領選挙直後に実施された出口調査結果であり、人種や学歴ごとの投票結果を示している。白人有権者層ではトランプが15ポイントのリードを有しているのに対して、黒人やヒスパニック、アジア系などマイノリティ有権者層では、民主党の強さが際立っている。そして大卒未満の白人有権者では、今回もトランプが30ポイント近くバイデンを上回る結果となった。【表1】と比較すると明らかなように、投票行動の全体的な傾向は、

---

18)　CNN 出 口 調 査（https://edition.cnn.com/election/2020/exit-polls/president/national-results）。

2016年大統領選挙から大きく変化していない。

　その一方で、一部の保守派のメディアの間で、2020年大統領選挙の結果が、アイデンティティ・ポリティクスの「敗北」を示すものであるという議論が存在することも確かである[19]。その根拠となっているのは、ブラック・ライブズ・マター運動などの盛り上がりにもかかわらず、黒人有権者やヒスパニック有権者の間でトランプが善戦したという出口調査結果である。実際に、ヒスパニックではトランプ投票割合が29％から32％、黒人については8％から12％と、2016年大統領選挙の時よりも僅かながら上昇している。これが、将来的に人種・エスニシティと政党支持との関係性が変動していく予兆なのか、あるいは誤差の範囲に過ぎないのかは、今後さらに検証していく必要があるだろう。

19）　Mike Gonzalez, "Tuesday's Big Loser: Identity Politics", *Wall Street Journal*, November 4, 2020; Washington Examiner, "The Biggest Loser of Election 2020: Identity Politics", *Washington Examiner*, November 4, 2020.

第**4**章

トランプ政治とメディア
──分極化の加速

山脇岳志

はじめに

2020年11月7日夜、米大統領選の投票日から4日を経て、バイデン元副大統領（民主党）が、現職のトランプ大統領（共和党）を下したという報道が流れた。トランプ氏は「選挙に不正があった」と繰り返し述べ、敗北宣言をしないという異例の展開となった。事前の世論調査では、大差がついてバイデン氏が勝利するという予測が多かった。コロナ禍への対応に失敗して24万人という世界最多の死者を出し、失業率は20％を超えていた。深刻な不況にあえぐ中での選挙だった。

大統領選は毎回、景気に大きく左右される。歴史を振り返れば、不況になれば現職は不利である。本来であれば、バイデン氏が大勝するような環境で、トランプ氏は僅差に迫り、4年前の大統領選を大幅に上回る約7,400万票も獲得した。コロナ禍がなければ、トランプ氏が再選された可能性は高かったであろう。

米国には地域や人種によってもともと分断傾向がある。だが、2015年、トランプ氏が大統領選の共和党候補に名乗りを上げ、翌年、大統領に当選を果たして以来、ますます分断は激しくなっている。世論のみならず、メディアもリベラル系と保守系に分かれ、分断を広げている。

バイデン氏は当選の報道を受けて演説を行い、民主党員と共和党員がお互い

を悪魔に見立てるような「いやな米国の時代を終わらせよう」と融和を呼びか
けた。一方、トランプ氏は、自身に好意的な報道を続けてきた保守系の Fox
ニュースが、バイデン氏の勝利を伝えたことなどに反発して、Fox への批判を
強めた。

　本章では、トランプ氏が当選した 2016 年の選挙での分断の広がり、そして
トランプ政権下でのメディアへの攻撃の強化、さらに 2020 年の大統領選での
ソーシャルメディアとの対立や選挙後の分極化の行方について考察する。

1　2016 年——分極化の加速

(1)　「メディアは敵」とトランプ氏

　筆者は、2000 〜 03 年および 2013 〜 17 年と 2 度にわたりワシントンに駐在し、
クリントン政権からブッシュ政権、オバマ政権からトランプ政権という 2 度の
選挙（民主党から共和党政権への交代劇）を取材した。両方とも、一般選挙（総
得票数）では上回った候補（2000 年は民主党のアル・ゴア氏、2016 年はヒラリー・
クリントン氏）が、選挙人獲得数で敗れた選挙であった。2000 年は、法廷闘争
にまでもつれ込んだ。フロリダ州の集計をめぐっての訴えが最高裁に退けられ
たあと、ゴア氏は、「敗北宣言」を出し、ブッシュ氏のもとで米国は 1 つになろ
うと呼びかけた。当時も党派の対立はあったが、今よりもずっと融和的であ
ったといえる。

　2016 年、トランプ氏の政治集会を各地で聞いた。中国や日本、メキシコは
標的だった。メキシコとの間に「壁を作れ」とトランプ氏が言うと、支持者は
熱狂で応えた。メディアも標的だった。「メディアは最も最も不誠実な奴らだ」
とトランプ氏は、しばしば集会で発言した。集まった支持者たちは、会場後方
の「報道席」に向かって、一斉にブーイングする。それは集会を盛り上げる「行
事」のようになっていた。

　父親から不動産事業を引き継いだトランプ氏が全国的に有名になったきっか
けは、2002 年から放送されたテレビ番組『ジ・アプレンティス（The Apprentice：
見習い）』への出演だ。このリアリティーショーで、トランプ氏がホスト役と
なった。番組では、複数のチームにビジネスの課題を出し、チームワークの結

果をトランプ氏が審査して1チームずつふるい落とし、シーズンの最後に勝者が決まる。敗者を発表する際、トランプが「You are fired（君らはクビだ）」というのがお決まりだった。トランプ氏は、まさに「メディアが生み出した大統領」なのである。

　一方、大統領夫人、上院議員、国務長官などの経験を持つクリントン氏は、「エスタブリッシュメント」の象徴と見なされがちだった。

　2016年選挙で、2人の候補はさまざまな意味で対照的だったが、「エリート（クリントン）」対「非政治家（トランプ）」という対照が最も大きな意味を持ったといえるだろう。2016年11月6日夜、投票日の前々日のバージニア州での政治集会の風景も忘れられない。夜9時30分からの集会で、会場に到着したのは2時間前だったが、その時点ですでに2キロの長い列ができていた。並んでいるのは白人ばかり。クリントン氏がいかに腐敗しているか、口々に話している。トランプ氏が登壇したときには、午前0時をまわっていたが、支持者の多くは残り、熱気にあふれていた。司会者が「我々がブルーカラー・ビリオネア（労働者階級の億万長者）」と紹介すると、地鳴りのような拍手が沸き起こった。トランプ氏が労働者階級だとはいえないが、その言動は、いわゆる「ポリティカルコレクトネス」とはほど遠く、「本音トーク」が支持された面は強い。

(2)　反トランプとトランプ支持に分かれたメディア

　ニューヨーク・タイムズとワシントン・ポストは、2016年選挙戦の終盤、トランプ氏のさまざまなスキャンダルを追及し、大きな注目を集めた。最も大きな反響を呼んだのが、ワシントン・ポストが2016年10月にスクープした女性に対する蔑視発言だ。テレビ番組に出る前にバスの中で交わした会話で、女性の出演者について「スターだったら何でもできるんだ。性器をつかんだりね」などと発言したと報道した。その後、トランプ氏に「胸をさわられた」「スカートの下に手を入れられた」などと告発する女性が10人以上現れ、ニューヨーク・タイムズなどが記事にした。また、リベラル系のケーブルテレビ、CNNやMSNBC、オンラインメディア「ハフィントン・ポスト（現ハフポスト）」や「バズフィード」も、トランプ氏に批判的な報道が多かった。

　一方、ケーブルテレビのFoxニュースは、選挙戦の中盤あたりから、トラ

ンプ氏支持の色合いが強くなった。中でも、ラジオのトーク番組の司会者でもあるショーン・ハニティー氏は、Fox ニュースの番組の司会を務め、トランプ氏寄りの発言を続けた。ラジオ局のハニティー氏や、ラッシュ・リンボー氏のトークショーは、アメリカの保守支持層の人気が強く、それぞれ 1,000 万人以上のリスナーがいるとされる。トランプは 2016 年 8 月 15 日、支援者への一斉メールで、「我々は、ヒラリー・クリントンと戦っているのではない。不誠実で完全に偏ったメディアと戦っているのだ」などと宣言。支持者に対し、信頼できるメディアとして推奨したのが、「ブライトバート」や「ドラッジ・レポート」「ナショナル・レビュー」だった。トランプ氏は、ブライトバートの会長を務めたスティーブ・バノン氏を選挙対策本部の最高責任者に抜擢した。バノン氏に対しては、人種差別、女性差別主義者などという批判がなされていたが、トランプ氏は大統領当選後、彼を新政権での新ポスト「首席戦略官・上級顧問」に登用した（後に解任）。

(3) フェイクニュースの広がりとテレビの責任

　2016 年の大統領選の大きな特徴は、「フェイクニュース」の広がりだった。投票日が近づくにつれ、主要メディアの流す情報より、偽のニュースがソーシャルメディアを通じて拡散し、有権者に浸透していったことが、大統領選後の調査で明らかになっている。

　オンラインメディアの「バズフィード」は、トランプ氏とクリントン氏に関する主要メディアのトップ記事 20 本と、「フェイクニュース」トップ記事 20 本を取り上げて、フェイスブックでどれほど「シェア」や「いいね！」「コメント書き込み」などのユーザー反応を呼んだのかを分析した。それによると、2016 年 2 ～ 4 月は、主要メディアの記事のほうに約 1,200 万回超、フェイクニュースのほうに約 300 万回弱の反応があり、大きな差があった。しかし、投開票日前にかけてフェイクニュースの反応が急上昇し、投開票日直前には、フェイクニュースに約 870 万回、主要メディアの記事への反応が約 730 万回と逆転していたことがわかった。フェイクニュースの中で最も反響があったのは、「フランシスコ・ローマ法王がトランプ氏を支持した」という偽情報だった。

　フェイクニュースが実際の事件に発展した例もある。選挙の投票日の直前、

クリントン夫妻が、ワシントン郊外の「コメット・ピンポン」というピザ屋の裏部屋で、誘拐してきた児童を虐待し、人身売買する「児童性愛パーティー」の常連だという記事が、オンラインメディアに流れた。「コメット・ピンポン」には脅迫のコメントが寄せられるなど嫌がらせが相次ぎ、従業員2人は辞めた。さらに選挙後、この情報を信じていた男性がライフル銃を持って店に発砲する事件まで起きた。

　伝統メディアは、こうしたフェイクニュースの広がりに手をこまねいていたわけではなく、トランプ氏らの発言のファクトチェックをするなど、独自の調査報道も展開した。だが、政治とメディアとの関係に詳しいマシュー・ジョーダンペンシルベニア州立大学教授は「（調査報道が）遅すぎた。選挙戦の序盤、ケーブルテレビがトランプ氏の演説などを長時間流したことなどで、トランプ氏は自らの基盤を確立してしまった」と話す。CNN は、トランプ氏に批判的な報道で知られるが、Fox ニュースなどと同様に、選挙戦の序盤、トランプ氏の演説をそのまま垂れ流す傾向にあった。それは「有名人」であるトランプ氏の演説が、視聴率が取れ、広告収入が増えるからである。ジョーダン教授は特にテレビに対して批判的で「番組で、どのようにインタビューを行うのか、どのように虚偽の情報に対応するのか、自己省察が必要だと思う。人々は虚偽の情報でも、何度も聞いていくと、それを真実だと思うからだ」と筆者のインタビューに答えている。

　2016 年大統領選で、トランプ陣営は、ソーシャルメディアをうまく利用したが、それはロシアによる選挙介入の温床にもなった。オックスフォード大学やソーシャルメディア分析企業による研究報告書によれば、ロシアは政治宣伝拡散のために主要なソーシャルメディアのすべてを利用した。主導したのは、ロシアの IRA（Internet Research Agency）という組織だった。2015 ～ 17 年に IRA が行ったフェイスブック上の書き込みは、3,000 万回以上シェアされ、3,882 万件の「いいね！」がついたという。IRA は特に、アメリカの保守層をターゲットとしつつ、リベラル層の有権者の投票率を低下させることも狙っていた。IRA の戦略は長期的なものだが、2015 ～ 16 年の活動は、トランプ氏に利益をもたらすようにデザインされていたという。

　また、イギリスの政治コンサルティング会社のケンブリッジ・アナリティカ

が、フェイスブックの個人情報を不正に入手したことも、ニューヨーク・タイムズなどのメディア報道で明らかになった。流出した個人情報は、8,700万人にものぼった。フェイスブックは、データが売却されたことに気づき、データの廃棄を要求したものの、ケンブリッジ・アナリティカは、実際には消去しなかった。同社は、2016年の大統領選で、トランプ陣営の勝利に結びつけるため、そのデータを利用したという。

⑷ 選挙についての情報源の偏在

　2016年秋にトランプ氏が僅差の選挙を制したあと、米調査機関のピュー・リサーチ・センターは、有権者がこの大統領選で主な情報源としたメディアがどこなのか調査した[1]。それによると、最も多かったのはケーブル放送のFoxニュースで、全投票者の19%を占めた。Foxニュースは1996年、メディア王ルパート・マードック氏が会長のニューズ・コーポレーションが設立し、保守層に支持されているメディアである。2位は、やはりケーブル放送のCNNだ。近年はリベラルメディアと評されることが多い。3位は、ソーシャルメディアのフェイスブックである。かつては大きな影響力を持っていた三大ネットワークのNBC、ABC、CBSなどは、選挙の情報源という観点からは、FoxやCNNをはるかに下回る。興味深いのは、全有権者の数字よりも、トランプ氏に投票した有権者と、クリントン氏に投票した有権者の「主な情報源」が対照的であることである。

　トランプ氏に投票した有権者は、圧倒的に、Foxニュースを情報源にしていた。一方、クリントン氏に投票した有権者は、CNNやCNNよりもさらにリベラル色が強いケーブル放送であるMSNBCを主な情報源とした人が多かった。ほかに、公共ラジオ放送のNPRやリベラル色の強いニューヨーク・タイムズなどがベスト10に入っている。MSNBC、NPRやニューヨーク・タイムズは、トランプ氏に投票した有権者の間ではほとんど情報源になっていなかった。

---

1)　"Trump, Clinton Voters Divided in Their Main Source for Election News-Fox News was the main source for 40% of Trump voters", Pew Research Center, Jan 18, 2017（http://www.journalism.org/2017/01/18/trump-clinton-voters-divided-in-their-main-source-for-election-news/）.

このように、人々は自分の嗜好にあうメディアを選択し、それがくっきりと分かれる形になっている。

(5)　メディアへの低評価と否定的な報道の増加

ただ、メディア報道に、有権者が満足していたかというと、そうではない。ピュー・リサーチ・センターは2016年夏の段階で、大統領選についての満足度を調査している。それによれば、約6割の人が選挙の報道が多すぎることに疲弊し、中でも候補者のコメントや、パーソナルな生活についての報道は「多すぎる」とする一方で、候補者の政策スタンスについての報道は少なすぎると感じていた[2]。ハーバード大学ショーレンセンセンターの調査結果では、2016年選挙の報道をテーマ別にみたときに、どちらが勝つかという「ホースレース」が4割を超し、政策については1割しかなかった[3]。トランプ氏、クリントン氏の候補者に関する否定的な報道が多かったことも、同じレポートで示されている。トランプ、クリントン氏双方とも（特にトランプ氏は）スキャンダルが多かったこともあるが、大統領選でトランプ氏については77％が否定的報道で、肯定的な報道は23％であり、クリントン氏は64％が否定的報道で、36％が肯定的な報道だった。

歴史的にみると、肯定的な報道は下落傾向にあり、否定的な報道は上昇傾向にある。1960年でみると、肯定的な報道は76％で、否定的な報道は24％となっており、今とは、肯定と否定が入れ替わっているような数字である。認知心理学によれば、人間はネガティブ（否定的）な情報には長時間注意を払うことが知られている。視聴率やクリック数を上げるために否定的な報道が増え、そのことによって、政治家への不信が高まるとともに、メディアに対する不信感が強まっている構造にみえる。

---

2)　Gottfried, J., "Most Americans Already Feel Election Coverage Fatigue", Pew Research Center, Jul. 14, 2016 (http://www.pewresearch.org/fact-tank/2016/07/14/most-americans-already-feel-election-coverage-fatigue/).

3)　Patterson, T.E., "News Coverage of the 2016 General Election: How the Press Failed the Voters", Harvard Kennedy School Shorenstein Center, Dec. 7, 2016 (https://shorensteincenter.org/news-coverage-2016-general-election/).

2　トランプ政権発足と、対立の激化

(1)　オルタナティブ・ファクト──もう１つの事実

　2017年１月のトランプ政権の誕生後、メディアとの対立はさらに深まっていった。

　最初の大きな「事件」は、トランプ氏が大統領に就任した2017年１月20日に起きた。ロイター通信が、就任式終了直後に配信した２枚の写真がソーシャルメディアで槍玉に上がった。写真は、トランプ氏の就任式会場の様子を、ワシントン・モニュメントから撮影し、2009年のオバマ氏が就任した際の写真と比べたものだ。ニューヨーク・タイムズなどは、聴衆の数の違いを写真つきで報道した。８年前に180万人を集めたオバマ前大統領の時と比べて「３分の１ほど」と報じられると、トランプ氏は「150万人いるように見えた」と反論した。ホワイトハウスのスパイサー報道官も「過去最多の聴衆だった」と主張した。しかし、スパイサー氏が根拠としてあげた地下鉄の乗車人数などはいずれも事実と異なっていた。その点を批判されると、コンウェイ大統領顧問がテレビ番組で「オルタナティブ・ファクト（代替の事実、もう１つの事実）を提示している」と話した。政府高官が、事実のほかにも事実があると話したことは、大きな話題になった。

　2018年夏には、老舗新聞ボストン・グローブとの対立が話題になった。同紙の論説委員室は、全米の新聞などに対し、トランプ氏のメディアへの対応に反論する社説・論説を掲載することを呼び掛けた。これに全国紙や地方紙など合計350紙超が応じた。８月15日のボストン・グローブの社説「ジャーナリストは、敵ではない」[4]がまず引用したのは、米国民の意識調査だった。「不品行なメディアは、大統領が廃業させる権限を持つべきか（The president should have the authority to close news outlets engaged in bad behavior）」という質問に対し、米国成人の26％が「同意する」と答えた。また、メディアは米国人の

4)　Editorial Board, The Boston Globe, "Journalists are not the enemy", August 15, 2018（https://www.bostonglobe.com/opinion/editorials/2018/08/15/editorial/Kt0NFFonrxqBI6NqqennvL/story.html）.

敵だと思うかという質問に対しては、共和党支持者の49％が同意した。ボストン・グローブは、建国の父の1人、ジョン・アダムズなどの発言を引用しつつ、報道の自由を擁護し、米上院は16日、「報道機関は国民の敵ではない」などとする決議を、全会一致で採択した。一方、トランプ氏は「フェイクニュースのメディアは野党だ。我々の偉大な国にとってとても良くない」などとツイッターで攻撃した。

　2018年11月の中間選挙後には、CNNのホワイトハウス担当記者であるジム・アコスタ氏が記者証を取り上げられる事件も起きた。アコスタ氏は、米国・メキシコ国境に当時向かっていた移民キャラバンを巡る質問をトランプ氏に打ち切られたが、なおも質問を続けた。そのため、ホワイトハウススタッフがマイクを奪おうとしたがこれも拒否したのに対し、トランプ氏は、「無礼でひどい人間だ」と個人攻撃を行った。ホワイトハウスはこの直後、アコスタ氏の入館記者証を取り上げた。この事件に対してCNNは、報道の自由を保証する合衆国憲法違反だとして、トランプ政権を提訴した。AP通信、USAトゥデー、ワシントン・ポスト、ブルームバーク、ニューヨーク・タイムズなどや、トランプ政権に好意的な報道をしていたFoxニュースまで、CNNとアコスタ氏への支持を表明した。ワシントンの連邦地裁の判事は、記者証取り消しの決定について「謎に包まれている」と指摘し、許可証をアコスタ氏に返すよう命じた。ホワイトハウスは地裁の判断に従い、アコスタ記者に許可証を返却した。

(2)　陰謀史観の広がりと、新興テレビ局の浸透

　トランプ政権発足後、顕著になったのは、トランプ支持者を中心に「陰謀史観」が広がっていったことである。トランプ大統領自身や、その周辺が、しばしば「ディープ・ステイト（影の国家）」という言葉を使うようになった。すでに大統領選中から、ロシア疑惑の捜査などに不満を募らせる保守系メディアのトークショーのホストらは、リベラルなメディアがCIAやFBIなどと組む形で、トランプ氏をおとしめようとする罠を仕掛けているという見方を広げていた。そうした捜査機関や一部の政府高官、金融関係者、リベラルメディアなどからなるのが「ディープ・ステイト（影の国家）」だという見方である。正式な国家以外に、そのようなネットワークがあるという陰謀史観なのだが、ト

ランプ氏もその見方に積極的に加担している。「QAnon（キューアノン）」と呼ばれる、陰謀史観を信じるトランプ氏の支持者たちも増えており、その数は数百万人規模になっているとの見方もある。2017年ごろから、「Q」を名乗る正体不明の投稿者が、リベラル派をおとしめるための情報拡散を行ったのが始まりとされるが、フェイスブックなどでも数千のグループがあるとされる。「ディープ・ステイト」の存在を信じ、トランプ氏が「ディープ・ステイト」と戦う救世主だとみなす人が多い。

　また、Foxニュース以上にトランプ支持色が強い放送局の影響力も増した。2016年の選挙中から、ラストベルトを中心に、トランプ支持者を数多く取材してきた金成隆一・朝日新聞機動特派員は、選挙後もラストベルトを歩いて、さまざまな変化に気がつき、その様子を「『トランプ王国』にみるメディア消費」としてまとめている[5]。金成記者がトランプ支持者の自宅をたずねて気がついたのは、従来はさほど知られていなかった新興放送局の浸透だった。一部のトランプ支持者たちが気にいって視聴していたのが「ワン・アメリカ・ニューズ（OAN）」や「ニューズマックスTV」だった。OANが注目されたのは、2015年6月のトランプ氏の出馬会見をライブ中継したことだが、これはオーナー自らの判断だったという。政権発足後、トランプ氏がOANの担当記者への質問に対して、「あなたの放送局を祝福したい。素晴らしい放送局」だと述べた。トランプ支持者は、OANのほうがFoxよりもトランプ氏についての報道が多いことを気に入っていたという。もう一方の「ニューズマックス」は2014年にテレビ進出を果たし、2017年11月にはケーブルテレビ網を拡大、全米5,000万世帯で視聴可能になったと発表した。保守層に支持される番組作りに力を入れ、セクハラ疑惑の発覚後にFoxニュースを降板したビル・オライリー氏も「ニューズマックス」に出演している。

⑶　共和党支持層で強まるメディア不信

　さて、トランプ氏の大統領選出馬および政権発足と、メディアへの信頼との

---

5)　前嶋和弘＝山脇岳志＝津山恵子編『現代アメリカ政治とメディア』（東洋経済新報社、2019年）101-133頁。

関係はどうなっているのか。

　次頁の【図表1】は、ギャラップ社によるマスメディアに対する信頼度の調査の推移である。「新聞、テレビ、ラジオなどのマスメディアを、信頼していますか（報道にあたり、全体的に、正確さ、公平さを保って伝えていますか）」という質問でみた場合、最新の2020年の調査では、信頼すると答えたのは全体の40％だった（内訳は、9％が「とても信頼する」で、31％が「かなり信頼する」）。党派別にみると、その違いがくっきりする。共和党支持者のメディア信頼度が際立って低い。前述のように、2016年の選挙中、トランプ氏は、主要テレビ局や、ニューヨーク・タイムズ紙などを「米国民の敵」とまで呼び、徹底攻撃した。その影響があって、2015年には、共和党支持者の中でもメディアを信頼すると答えた人が32％存在したのだが、翌年の2016年になると14％まで急落した。トランプ氏の大統領就任後も、低水準が続いていたが、再び大統領選の年になった2020年9月の調査では、ついに10％と、過去最低に落ち込んだ。トランプ大統領がメディアに対してさらに攻撃を強めたことが影響しているとみられる。一方で、民主党支持者の間でのメディアの信頼度は、2016年以降、むしろ高まる傾向にあり、70％前後となっている。

　トランプ大統領を批判するメディアが多いことから、民主党支持者にとっては、メディアへの信頼が強まる傾向が読み取れる。つまり、共和党支持者はメディアを信じないが、民主党支持者はメディアを信頼し、喝采するという「分極化」がますます進んでいる[6]。

　上記のことから、トランプ氏への支持色が強いFoxニュースやほかの新興テレビ局、ラジオ番組、オンラインメディアはあるとはいえ、共和党支持層全般としては、メディアを「リベラル系」とみなし、信頼せず、むしろ敵視している人が多いことがわかる。これは、地上波の主要テレビ局（ABC、CBS、NBC）がリベラル系とみなされていることや、ニューヨーク・タイムズやワシントン・ポストなど、全米各地の主要な新聞がトランプ氏に批判的だったり、2016年および2020年選挙でも、社説で民主党候補を支持する新聞が圧倒的に

---

6)　"Americans Remain Distrustful of Mass Media" Gallup, September 30, 2020（https://news.gallup.com/poll/321116/americans-remain-distrustful-mass-media.aspx）.

64

【図表1】マスメディアの信頼度の推移（支持政党別）

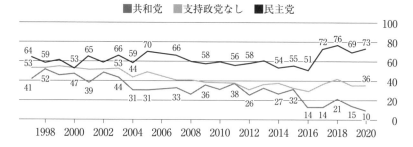

出典：“Americans Remain Distrustful of Mass Media”, Gallup, September 30, 2020
(https://news.gallup.com/poll/321116/americans-remain-distrustful-mass-media.aspx).

多かったりしたことなどが影響しているとみられる。トランプ氏支持のメディアがあるとはいえ少数派であるという認識が、共和党全般に広がる認識ということだろう。トランプ氏支持のメディアも影響力を増しているのを考慮すると不思議な現象でもあるが、トランプ氏自身が、「メディアは敵」という意識を持ち、支持者に対してもその意識を刷り込み続けていることが、「共和党支持者のメディア不信」の加速に影響しているとみられる。

それでは、世論そのものの分極化はどのように推移しているのか。ピュー・リサーチ・センターは、社会保障、環境、外交、移民など10種類の政治的価値に関し、1994年から2017年まで7回にわたり調査を行ってきた（**【図表2】**参照）。2017年の調査では、共和党支持者と民主党支持者の見解の相違は、ほとんど全ての問題領域において、この調査が行われた過去のどの時点よりも大きくなっている[7]。

1994年には、民主党支持者と共和党支持者は、価値観の点でみると、かなりの部分で重なっていた。それが2010年代になると、分極化の傾向が強まり、

---

7) “The Partisan Divide on Political Values Grows Even Wider - Sharp shifts among Democrats on aid to needy, race, immigration”, Pew Research Center, October 5, 2017 (http://www.people-press.org/2017/10/05/the-partisan-divide-on-political-values-grows-even-wider/).

【図表 2】米国民のイデオロギー的な分極化

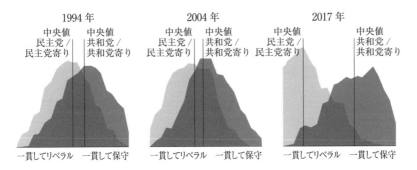

出 典："The Partisan Divide on Political Values Grows Even Wider - Sharp shifts among Democrats on aid to needy, race, immigration", Pew Research Center, October 5, 2017（http://www.people-press.org/2017/10/05/the-partisan-divide-on-political-values-grows-even-wider/）.

トランプ氏の登場がさらに分極化を加速させた。2017 年には重なる部分が小さく、中心付近ではなく両極に位置する人々の割合が大きく増加した。ラクダにたとえれば、2004 年調査までは「ひとこぶラクダ」だったのが、2017 年には「ふたこぶラクダ」化したことがはっきりとわかる。

3　メディアが生んだ大統領、メディアに敗れる

(1)　2020 年、投開票とソーシャルメディア

　2020 年の大統領選では、ツイッター、フェイスブックなどのソーシャルメディアが政治に与える影響が大きな議論になった。投票の集計が続く 11 月 4 日午前 2 時 30 分、トランプ大統領は一方的に勝利を宣言し、ツイッターとフェイスブックに「我々は大きくリードしているが、相手は選挙を盗もうとしている」と投稿した。

　これに対してツイッターは、誤解を招く恐れがあるという警告をつけて、投稿のリツイートを制限した。フェイスブックも、集計が今後も続くことや、速報が最終結果と異なる可能性があるという警告をつけた。トランプ大統領は、

勝利宣言を行う映像も投稿したが、これについてもフェイスブックは警告をつけた。

　トランプ大統領は、郵便投票が不正の温床になると、根拠のない発言を選挙前から繰り返していた。郵便投票はバイデン氏への票が多いと広く伝えられていたことも背景にあるとみられるが、投開票日以降も、郵便投票の開票が進むにつれ、トランプ氏は「秘密裏の廃棄されている投票が大量にあったと報じられている」「民主党が選挙を盗もうとしている」といったツイートを繰り返した。

　これに対して、ツイッターは、選挙の信頼を損ねることを禁じた規約に違反したと判断し、トランプ氏の投稿に警告をつけ、表示を制限する措置を取った。

⑵　ツイッター大統領 VS. ツイッター

　2016年の大統領選では、トランプ氏が強力な「武器」として使ったのが、ソーシャルメディアのツイッターだ。これによって、メディアのフィルターを通さず、有権者に直接、自分の主張を訴え続けることが可能になった。

　トランプ氏は、ツイッターのフォロワー数を2016年以降、急速なペースで拡大させていった。投開票まで1か月と迫った2016年10月初旬の時点で、1,220万フォロワーに達し、それまで政治家としてもっともフォロワーが多かったバラク・オバマ氏を超えた。トランプ氏の当選は、「ツイッター大統領の誕生」とも言われたものだ。政権発足後もフォロワーの数はどんどん伸びていき、2020年11月時点では、8,700万人を超えた。トランプ氏は、自己の主張、自分に批判的な人物や政党への攻撃手段として徹底的にツイッターを利用した。その内容は、個人的な推測をはじめ、根拠のない嘘もたくさん混ざっていた。

　ニューヨーク・タイムズの2019年11月の記事によれば、大統領就任から2019年10月15日までのトランプ氏のツイートの数は、1万1,000を超えた。

　その半数以上の5,889は、「attacked someone or something」、つまり他の人や出来事への攻撃であると同紙は分析した。

　それ以外にも、民主党への攻撃が2,405、ロシア疑惑などの捜査に対する攻撃が2,065、メディアへの攻撃が1,308などが上位に来る。他方で、自分をほめる自画自賛は2,026もあった。

　攻撃や虚偽のツイートも多い中、ツイッター社は、発言の場を提供している

という立場で基本的に干渉しない方針だったが、投稿内容の監視が不十分だとして批判も受けてきた。しかし、ついに 2020 年春になって、大きな方針転換に踏み出した。5 月下旬、トランプ大統領が「（選挙で）郵便投票が不正の温床になる」とツイートしたのに対して、ツイッター社は、「fact-checking warning（要事実確認）」との警告を出した。さらに、トランプ氏は、白人警官の暴行で黒人が窒息死させられたことによって全米各地で盛り上がった「Black Lives Matter（黒人の命も大切だ）運動」について「略奪が始まれば、銃撃も始まる」とツイートした。このツイートに対してツイッター社が、「glorifying violence（暴力の賛美）」として非表示（クリックしないと表示されない）扱いにしたことで、対立はさらに深刻化した。トランプ氏は、ツイッター社の対応に激怒。これまで、ソーシャルメディア企業は、利用者が投稿した内容について、幅広い免責を受けているが、その根拠となっている通信品位法を見直す大統領令に署名した。これに対して、ツイッター社は「オンライン上の言論とインターネットの自由を脅かす試みだ」と非難した。

　さらに、2020 年 10 月、大統領選まで 1 か月を切る中、ツイッター社は、投稿を転載する「リツイート」をする際に、利用者自身がコメントを書き込む画面を表示するようにした。10 月 20 日から、少なくとも大統領選挙（11 月 3 日）の週まで、選挙に関する誤情報が急速に拡散するのを避けるためだという。「リツイート」ボタンを押した際に、いきなり転載ができず、「引用ツイート」の画面が現れることで、利用者が拡散の理由を考えるよう促した。また、ツイッター社は、同月、民主党大統領候補のバイデン氏の次男の海外ビジネスをめぐる疑惑を報じたニューヨーク・ポストの記事のリンク共有を禁じた。ハッキングを通じて入手した素材の拡散を禁じる同社の規約に違反するという判断だったが、これに対してトランプ陣営は猛反発し、ツイッター社は翌日、この措置を撤回した。

(3)　揺れるフェイスブック
　世界で 20 億人以上の利用者を誇るソーシャルメディア最大手のフェイスブックは、「Black Lives Matter」運動に関連して、ツイッター社とは異なる対応を取った。トランプ氏は、フェイスブックにも、ツイッターと同様に「略奪

68

が始まれば銃撃が始まる」と書き込んだ。ツイッター社は上記のように警告を表示したのに対して、フェイスブックは黙認した。黒人差別に抗議する人権保護団体などは、以前からフェイスブックが、差別を助長するような書き込みを放置していることを問題視してきた。このため、こうした団体は、企業に対して、フェイスブックに広告を出さないように求めた。こうした要望も受けて、フェイスブックへの広告を停止した企業は数百社にのぼった。フェイスブック社内でも、ザッカーバーグCEOへの対応に抗議して、社員が辞めるなど、動揺が広がった。2020年6月末になって、フェイスブックは、規定に違反するような内容の投稿は、政治家も除外することなく、警告のラベルをつけると発表し、ツイッターの対応に追随した。

　フェイスブックに対しては、2016年の大統領選の最中から、フェイクニュースの拡散に対して手を打たなかったことへの批判が高まっていた。多くの専門家の予想を覆してトランプ氏が大統領に当選したことで、フェイスブックへの逆風は増した。ザッカーバーグCEOは、投票日直後、フェイスブック上のフェイクニュースが選挙結果に影響を与えたという批判に対して、「すごくクレイジーなアイデアだ」と一蹴したため、批判はさらに強まった。その後、問題を次第に認めるようになり、2016年末には、ユーザーがフェイクニュースと思った場合の通報をしやすくしたり、フェイクニュースサイトへの広告配信を停止する、といった対策を打ち出したりした。

　さらに前述したように、ケンブリッジ・アナリティカに8,700万人もの個人情報が渡っていた問題に対して、ザッカーバーグ氏は米議会上院で「私の失敗だ」と陳謝もした。フェイスブック社はその後、セキュリティーのための人員や投資を増やし、個人情報保護やフェイクニュース対策を強化した、としている。だが、ロシア、イラン、中国などがかかわる虚偽アカウントや虚偽情報はあとをたたず、フェイクニュースやフェイク広告との「いたちごっこ」は続いている。

(4)　「投稿監視」は「検閲」か
　2020年の大統領選が近づき、ツイッターやフェイスブックなどが、投稿の監視を強化し、閲覧の制限などに踏み出すにつれ、議論が活発になった。10

月 28 日、米議会上院は、各ソーシャルメディアのトップを呼んで、投稿管理
について、厳しく問いただした。2016 年大統領選の共和党候補でもあったテ
ット・クルーズ上院議員は「今日の証人たちは、言論の自由に対する最大の脅
威である」などと発言して、ツイッターやフェイスブックの行為が「検閲」に
あたるという立場を明確にした。特に共和党議員たちが批判したのは、ツイッ
ターなどが、バイデン氏の次男のウクライナに関する不正疑惑の拡散を制限し
たことだった。また、共和党側は、トランプ大統領の投稿に対して警告が繰り
返されていることが「政治的に中立的ではない」として批判を強めた。

　一方で、民主党議員たちは、偽の情報が拡散しつづけており、ソーシャルメ
ディアの対策が十分ではないという逆の観点から、ソーシャルメディアを批判
した。ソーシャルメディア側は 2016 年大統領選で、ロシアによる情報操作や
フェイクニュースの温床になったという批判を浴びたことから、投稿への監視
を強化してきた経緯がある。この日の公聴会でも、フェイスブックのザッカー
バーグ CEO は、35,000 人が投稿管理を担当し、年間数十億ドルの資金を使っ
ていると明かした。

　「フィルターバブル」という言葉がある。ソーシャルメディアやグーグルな
どの検索エンジンを使う際などに、コンピュータのアルゴリズム（何を優先し
て画面に表示するかを決める仕組み）によって、「自分の見たい情報しか見えない」
ような現象に陥る状況を指す。ユーザーがよくクリックする情報が記憶され、
その人に「最適化」されたニュースや情報が表示されるようになる結果、ユー
ザーに入る情報がますます狭くなる。ユーザーは、「バブル（泡）」のような閉
じた空間にとらわれている状況になるため、「フィルターバブル」と言われる。
この言葉は、市民運動家のイーライ・パリサーが 2011 年の著書『The Filter
Bubble』で生み出した。

　この日の議会では、共和党側から、このコンピュータのアルゴリズムが偏っ
ており、保守派の発言が利用者の目に触れにくいという批判も出された。大統
領選後の 11 月 17 日にも、ザッカーバーグなどソーシャルメディアのトップは、
上院の司法委員会に召喚され、投稿への介入が「検閲」であると、共和党側か
ら強い批判を浴びた。大統領などの要人が発する偽の情報は、拡散を阻止すべ
きものなのか、表現の自由への侵害なのか、議論は鋭く対立している。

70

2020 年選挙において、ソーシャルメディアの「投稿管理」が、どの程度選挙結果を左右したのかは、まだ、はっきりとはわからない。ただ、テレビのホストとしての知名度など、メディアの力によって誕生したトランプ大統領ではあるが、トランプ陣営からすると、2020 年選挙の敗北は「（ソーシャル）メディアのせい」という認識であってもおかしくはない。

ツイッターやフェイスブックによる投稿への対応が「検閲」であると批判を強める保守派の中には、新しいソーシャルメディアへ乗り換える人も増えている。その１つが、「パーラー」というソーシャルメディアで、大統領選挙後、急速に利用者を増やしている。リバタリアン寄りの路線で、言論の自由を掲げ、基本的に投稿の内容をチェックしたりアルゴリズムを利用して利用者にお薦めコンテンツを示したりもしない。トランプ氏の長女、イバンカ・トランプ氏も選挙後、ツイッターで、パーラーにアカウントを作ったことを告知するなど、新たなソーシャルメディアをめぐる動きに注目が集まった。

(5) 議会襲撃事件と、ソーシャルメディアからの「追放」

2020 年大統領選での敗北後、トランプ氏は一貫して、不正な選挙だと主張し、「選挙は盗まれた」として、敗北を認めない態度をとり続けた。トランプ陣営の法廷闘争は、裁判所によってことごとく退けられたが、根拠のない陰謀論は、ソーシャルメディアなどで大量にばらまかれ、多くのトランプ支持者の怒りは、選挙後さらに増幅されていった。

そんな中、バイデンの大統領就任式を目前にした 2021 年 1 月 6 日、トランプ支持者たちが米連邦議会議事堂に乱入して占拠し、警備にあたっていた警官 1 人を含む 5 人の死者を出す大事件が起きた。トランプ氏は、この日も、大統領選では大差で勝ったとしつつ、「死にものぐるいで戦わなければ、この国はこれ以上もたない」などと述べ、支持者に対して、議事堂での抗議を呼びかけていた。

ツイッター社は、同日、トランプ氏のアカウントを一時凍結すると発表した。1 月 8 日には、その時点で約 8,900 万人のフォロワーがいたトランプのアカウントを「永久凍結」する措置を取った。投稿を分析した結果「暴力をさらに扇動するリスクがある」とし、利用規約に違反すると判断したためである。また、

ツイッター社は、「QAnon」についても、8 日以降、7 万以上のアカウントを
停止する措置を取った。

　一方、フェイスブックは、1 月 7 日、トランプ氏のフェイスブックと傘下の
写真共有アプリであるインスタグラムのアカウントを、無期限で凍結すると発
表した。1 月 21 日には、この決定の是非について、有識者で構成する同社の「監
督委員会」に諮問すると発表した。2020 年に発足し、学者や弁護士、ジャー
ナリストなど 20 人で構成される「監督委員会」は、90 日以内に対応を決定す
るという。

　多くのトランプ支持者が使っていた保守系ソーシャルメディアの「パーラー」
についても、アマゾン・ドット・コムが管理サービスを打ち切ったため、利用
者はパーラーのサイトに接続できなくなった。アップルやグーグルもアプリ配
信サービスから「パーラー」を排除した。

　こうした IT 大手企業の動きについては、「表現の自由」を制限していると
いう批判も強まっている。偽情報や暴力を賛美するような投稿への規制を強化
するとしても、大手 IT 企業が、個人や組織を「追放」することまで正当化さ
れるのか。アカウントの停止をするのであれば、その基準はどうあるべきかと
いった議論が活発になっている。

　ドイツのメルケル首相は、ツイッターの「永久凍結」について、「表現の自由」
を制限する行為だと問題視した。「表現の自由」への干渉そのものを問題視し
たというより、プラットフォーム事業者の判断ではなく、法の枠組みの中で行
われるべきだとの考えである。議論は、国際的にも大きな広がりを見せている。

　米下院は、トランプ氏が支持者をあおり、議会議事堂に乱入させた「反乱の
扇動」の責任を問い、弾劾訴追決議案を可決した（その後、上院は 2021 年 2 月
に無罪評決を下した）。トランプ氏はアメリカ史上初めて、2 度弾劾訴追された
米大統領となった。トランプ氏は 2019 年末にも、バイデン氏らのスキャンダ
ルを調べるよう、ウクライナ大統領に圧力をかけた疑惑で弾劾訴追されていた
が、共和党が過半数を占める上院の弾劾裁判で無罪評決となっていた。

⑹　トランプ氏の敗北と、Fox ニュースとの「決別」

　2020 年大統領選は、トランプ大統領と Fox ニュースとの蜜月関係にも変化

を生じさせた。特にトランプ氏が怒ったのが、激戦となったアリゾナ州について、Foxがいち早くバイデン氏勝利を伝えたことだった。また、他の主要テレビ局と同様に、Foxは、トランプ氏が敗北を認めない中で、バイデン氏が大統領選に勝利したとも伝えた。

　Foxがトランプ支持者に広く視聴されているのは前述の通りだが、トランプ氏からしてみれば、全面的にはトランプ寄りではなくなり、裏切られた気持ちになったとみられる。このため、複数の米メディアは、トランプ氏や周辺が検討しているさまざまな「メディア戦略」を伝えている。たとえば、ツイッターに対抗できるようなソーシャルメディアの設立、Foxよりもさらにトランプ氏寄りの報道で知られるニューズマックスとの連携強化、動画配信サービスの開始などである。トランプ氏が独自のメディアを設立すれば、Foxは視聴者を奪われる可能性が大きいため、そうした報道が出た際に、Fox株が大幅に下落したこともあった。

　トランプ氏は2021年1月、敗北を認めないまま、ホワイトハウスを去った。議会議事堂の襲撃事件をきっかけにトランプ氏への支持率は下がったものの、なお多くの熱狂的な支持者を抱える。そうした支持層のニーズに応えるメディア戦略を駆使しつつ、2024年の大統領選で再び出馬するという可能性も取り沙汰されている。

(7)　収斂の可能性はあるのか

　これまで見てきたように、米国では保守とリベラル、トランプ支持派と反トランプ派との間に、大きな断裂が広がってきている。その断裂は、テレビや新聞といった伝統的なメディアの分裂だけでなく、フェイスブックやツイッターといったソーシャルメディアによっても加速されているという見方が強い。ソーシャルメディアを使うと、自分の考え方と合うような友人の意見に触れることが多くなるからである。前述のように、自分のみたいものしかみえなくなる「フィルターバブル」現象は、ソーシャルメディアや検索エンジンのアルゴリズムによって、加速しやすくなる。

　「エコーチェンバー」という言葉が使われることもある。「エコーチェンバー」は、もとはミュージシャンが使う音響室という意味だが、閉じられた空間の中

で、同じような意見ばかりに囲まれ、特定の思想や意見が増幅されて影響力を持つ現象を指す。

「フィルターバブル」や「エコーチェンバー」を脱しようという試みもある。たとえば、日本発のニュースアプリで、米国でも急速にユーザー数を伸ばしているスマートニュースは、保守層とリベラル層のどちらのユーザーに対しても、保守層が好みそうなニュースとリベラル層が好みそうなニュースの両方が表示されるようなアルゴリズムにしている。同社の鈴木健CEOは、2016年および2020年の大統領選の投票日前後に米国に直接足を運び、政治的分断を目の当たりにした。「アメリカの政治的な分断の深まりは民主主義の危機でもある」という思いから、そのようなアルゴリズムを導入したのだという。スマートニュースの米国でのユーザー数の伸びは、分断を乗り越えてニュースを摂取することに前向きなユーザーが相当数存在することを示唆する兆候かもしれない。

一方で、自ら好むエコーチェンバーの中にいてニュースを読む場合と、自らの志向とは関係ないニュースをランダムに読んだ場合を比較する実験を行った結果、後者のほうが、自分の好みとは異なる切り口のニュースを読まされたことで、より極端な意見になったという研究[8]もあり、分断の克服への道のりは平坦なものではないだろう。

そもそも分断や分極化は、経済や社会的な格差の広がりも大きな原因の1つであり、トランプ氏の登場前から分極化は進んでいた。そうした根本的な問題への取り組みが真剣になされなければ、分極化の緩和は望めない面もある。しかしながら、トランプ氏の2016年大統領選への立候補と、大統領への就任、リベラル派のメディアとの対立激化、陰謀史観の広がりなどは、「分極化」を加速させた。そのトランプ氏が政治の主人公から退けば、「分極化」の勢いは多少弱まるかもしれない。

ニューヨーク・タイムズなどのリベラル系メディアがデジタル購読者数を増やしているのは、「反トランプ」層の怒りから来ている面もある。トランプ氏の敗北によって、「反トランプ」的なメディアが、これまでのような推進力を

---

8)　Jo. D, "Better the Devil You Know: An Online Field Experiment on News Consumption", Mar. 18, 2018.

失う可能性もある。

　だが、バイデン政権下においても、トランプ氏の影響力は、米国の大衆社会にかなり強く残るであろう。トランプ氏が大統領にまでのぼりつめ、2020年の選挙でも、コロナ禍・深刻な不況という逆境の中で善戦したことは、今後の共和党などの大統領選の戦略にも影響を与えることが予想される。

　米国の分断が、トランプ氏の「退場」によって多少緩和されることはあったとしても、バイデン氏が唱えるような融和に向けて、まっすぐに進んでいくことはないだろう。

第5章

トランピズムと共和党
──保守派の「再編」を中心に

宮田智之

はじめに

　ロナルド・レーガンは、1981年1月の大統領就任演説において「現下の危機にあって政府はわれわれの問題に対する解決策ではない。政府こそが問題である」と主張し、小さな政府路線を掲げて減税や規制緩和を推進した。また、対外的には、「力による平和（Peace through Strength）」のもとソ連を中心とする共産主義勢力への対決姿勢を前面に押し出し、軍拡を強行するとともに同盟や道義性を重視した外交を展開した。長年、このようなレーガン主義が共和党の性格を規定し続けた。

　しかし、今日、レーガン主義とは大きく異なるトランピズムが共和党内で台頭している。無論、レーガン主義自体が力を失ったわけではなく、その影響はトランプ政権の政策においても見られた。2017年末に成立した大型減税はその典型である。しかし、この4年間でトランピズムを擁護する声が着実に増大したことは事実であり、なかでもそれは共和党を支える保守派の政治インフラの間で顕著に観察できる。

　言うまでもなく、保守派の政治インフラはレーガン主義を強力に推進してきた基盤である。そのため保守派のエリートの間では、当初トランプに対する強い拒否反応が見られた。しかし、やがてその多くはトランプに接近するようになり、トランプの「応援団」と化した者も少なくない。要するに、保守派の「再

編」とも呼ぶべき事態が起きたが、当然、このような現状は今後の共和党を考える上で無視できない要素の1つである。そこで、本稿ではトランプ時代に保守派の政治インフラが変容を遂げた過程やその背景、そしてトランピズムの浸透が進む現状について考察したい。

1　2016年大統領選挙と「ネバー・トランプ派」

　2016年大統領選でトランプが唱えた「アメリカ・ファースト」は、主に反不法移民、保護貿易主義、孤立主義から構成され、既成の政治家には見られない率直な言動とともに、ワシントン政界への不満を溜め込んでいた有権者を魅了したのであった。

　しかし、ワシントン政界のエリートたちの反応は対照的であった。共和党内でもトランプの差別的発言が問題視されるとともに、「アメリカ・ファースト」はレーガン以来の共和党の伝統路線に反するものだといった批判が噴出した。なかでもそのような強い批判が巻き起こったのが、保守派のエリートの間であった。伝統的な保守系雑誌である『ナショナル・レビュー』誌は、2016年2月に「トランプに反対する保守主義者」という特集記事を組むほどで、この特集ではラジオ番組司会者のグレン・ベック、エリック・エリクソン、メディア・リサーチ・センターのブレント・ボゼル、経済成長クラブのデヴィッド・マッキントッシュら22名の有力保守主義者がそれぞれ反対理由を述べた[1]。

　こうした中で、同じく注目されたのが共和党系外交専門家の動きであった。エリオット・コーエン元国務長官顧問らが発起人となり、トランプへの反対を唱える書簡が少なくとも2度にわたり発表され、ロバート・ゼーリック元国務副長官、トム・リッジ元国土安全保障長官、マイケル・チャートフ元国土安全保障長官、エリック・エーデルマン元国防次官ら歴代共和党政権の高官経験者を含む200名近くが署名した。また、ビル・クリストルやロバート・ケーガン

---

1)　"Conservatives against Trump", *National Review*, February 15, 2016（https://www.nationalreview.com/magazine/2016/02/15/conservatives-against-trump/）〔2020年11月20日アクセス〕.

ら新保守主義者（ネオコン）、アメリカン・エンタープライズ公共政策研究所（AEI）、
フーヴァー研究所、ハドソン研究所、外交政策イニシアチブ、民主主義防衛基
金、ジョン・ヘイ・イニシアチブといった保守系シンクタンク関係者も多数署
名した[2]。

　もっとも、少数ではあったものの、トランプを擁護する声が存在したことも
確かである。その筆頭がパット・ブキャナンである。ブキャナンはトランプ登
場以前の「アメリカ・ファースト」の旗手であり、冷戦終結直後から孤立主義、
保護貿易主義、移民制限を一貫して唱えてきた。そのため、ブキャナンがトラ
ンプへの強い期待感を表明したのは当然であった。また、イーグル・フォーラ
ム創設者で反フェミニズムの急先鋒であったフィリス・シュラフリーも早くか
らトランプへの支持を表明した1人である。シュラフリーは外交政策に関する
発言で注目されることは滅多になかったものの、孤立主義を支持してきた。そ
のため、2016年大統領選では「われわれが支持する候補は敗北を続けてきたが、
ついに我々を勝利に導いてくれる候補に出会うことができた」と述べるなど、
トランプに傾倒し、『保守派がトランプを支持すべき理由（*The Conservative
Case for Trump*)』という本まで発表している。2016年9月にシュラフリーは
他界したが、葬儀には選挙戦の最中であったにもかかわらず、トランプ自らが
参列し、彼女の功績を称えたのであった[3]。

　ブキャナンやシュラフリー以外では、フランク・ギャフニーやデイヴィッド・
ホロウィッツといった人々も、早くからトランプを支持していた。彼らは反移
民・反イスラムの立場を通じてトランプ側近のスティーブン・バノンらとの接
点があり、ギャフニーが主宰する安全保障政策センター（CSP）の資料はトラ
ンプ陣営によって活用されるほどであった。また、ホロウィッツは、トランプ
政権で強硬な移民政策を主導したスティーブン・ミラーの後見人的存在であり、

2)　宮田智之「『ネバー・トランプ派』外交専門家のその後」東京財団政策研究所WEB
論考（2018年10月2日）（https://www.tkfd.or.jp/research/detail.php?id=85）〔2020年
11月20日アクセス〕。
3)　西住祐亮「トランプ外交とアメリカ孤立主義勢力の眼差し——ブキャナン氏とシ
ュラフリー氏に注目して（上・下）」東京財団政策研究所WEB論考（2018年8月6日）
（https://www.tkfd.or.jp/research/detail.php?id=78）〔2020年11月20日アクセス〕。

ミラーにワシントン政界での足場を提供したことで知られる人物であった。

　しかし、確かにトランプを支持する声は存在したものの、そのほとんどは保守派の中で傍流と言えるような人々であった。ギャフニーに至っては人権団体などから「イスラモフォビア」のリーダーの1人と非難され、保守派の中でも敬遠されるような人物であった[4]。しかし、2016年大統領選が進むにつれ、以上の保守派内の状況が大きく変わっていく。

2　トランプに接近する保守派

⑴　背　景

　トランプが共和党候補指名をほぼ確定させた頃から、保守派の中で変化が生じ始め、2016年大統領選後には多くの者がトランプ支持へと「転向」していた。そのことを象徴する1つの事例として、2016年初頭の『ナショナル・レビュー』誌のトランプ反対特集号に寄稿した22名の保守主義者のうち、トランプ政権発足後も反対の声を上げていたのはわずか6名に過ぎなかった[5]。

　では、そもそもなぜレーガン主義とは大きく異なる立場を掲げたトランプへの支持が保守派内で広がったのか。その理由としては様々な点が指摘できるが、①共和党員におけるトランプ支持の強さ、②大口支援者の影響、③アクセスの必要性、④トランプをめぐる楽観論、これらは特に重要であろう。

　第1に、共和党員の圧倒的多くがトランプを熱狂的に支持する中で、トランプ反対を唱え続けることは至難の技であった。すなわち、トランプへの反対を表明し続けることは、保守系メディアであれば購読数や視聴者数の激減を意味した。第2に、保守派の大富豪の中で、ロバート・マーサーとレベッカ・マーサーの親子、ポール・シンガー、シェルドン・アデルソンらをはじめトランプ

4）　宮田智之「保守系シンクタンクの現状」東京財団政策研究所 WEB 論考（2018年7月4日）（https://www.tkfd.or.jp/research/detail.php?id=72）〔2020年11月20日アクセス〕。

5）　David Frum, "Conservatism Can't Survive Donald Trump Intact", *The Atlantic*, December 19, 2017（https://www.theatlantic.com/politics/archive/2017/12/conservatism-is-what-conservatives-think-say-and-do/548738/）〔2020年11月20日アクセス〕.

支持に転じる者が現れるようになり、こうした資金源の「変化」も保守派の各団体にとって大きな圧力になった[6]。第3に、トランプ及びその周辺にアクセスを確保する必要性である。共和党政権中枢と緊密な関係を持っているかどうかは、ワシントン政界での影響力を確保する上で死活的に重要である。第4に、保守派のエリートの間では、大統領に就任すれば、トランプ自身の立場を変えることは十分可能だとの楽観論も存在していたように思われる。

　無論、2016年大統領選後もトランプ批判を表明し続けていた者が存在したことも事実である。たとえば、先のクリストルやケーガンらに加えて、ジョージ・ウィル、マックス・ブート、デイヴィッド・フラム、ブレット・スティーブンス、ジェニファー・ルービン、アン・アップルバウムといった人物は、反トランプの論陣を張り続けた代表格であった。また、クリストルがチャーリー・サイクスとともに、2018年に廃刊した『ウィークリー・スタンダード』誌の後継として創刊したオンライン論壇誌『ブルワーク』や、ジェリー・テイラーが所長を務めるシンクタンクのニスカネン・センターなどは、トランプ批判の拠点として機能した。しかし、保守派のエリートが相次いでトランプ支持に「転向」するにつれ、トランプ批判の声は保守派内部で目立たなくなっていった。そこで、以下では保守派のエリートの「転向」を端的に物語る事例をいくつか紹介したい。

(2)　ヘリテージ財団

　保守派の中で真っ先に親トランプ路線に舵を切った1つが、保守系最大のシンクタンクであるヘリテージ財団である。1970年代初頭に設立されたヘリテージ財団は、レーガンとの密接な関係を通じて一躍保守派を代表するシンクタンクへと頭角を現した。1981年に発表した『リーダーシップのための負託』という政策提言書がレーガン本人によっても高く評価され、同政権の政策に多

---

6)　Max Boot, *The Corrosion of Conservatism: Why I Left the Right* (New York: Liveright Publishing Corporation, 2018), pp.79-80; Bari Weiss, "Trump Debate Inside Conservative Citadels", *The New York Times*, November 2, 2017 (https://www.nytimes.com/2017/11/02/opinion/conservative-think-tanks-bannon.html)〔2020年11月20日アクセス〕.

大な影響を及ぼしたことは広く知られている。いわば「レーガン主義の申し子」
と言ってもよいこのヘリテージ財団も、共和党予備選が始まるまではトランプ
に対して批判的であった。事実、2015年秋に姉妹団体のヘリテージ・アクシ
ョン・フォー・アメリカが発表した共和党候補に関する採点表でも、トランプ
について「巨大な関税案はアメリカ経済にダメージをもたらす」、「様々な大き
な政府プログラムを支持している」といった厳しい評価が並んでいた。

　しかし、2016年春先からヘリテージ財団はトランプに接近し始める。最高
裁人事に関する助言を提供し、また経済成長クラブ創設者で同財団チーフ・エ
コノミストのスティーブン・ムーアがトランプ陣営の経済顧問に就任するなど、
トランプとの距離を縮めていった。さらに選挙後には、創設者のエドウィン・
フルナーをはじめヘリテージ財団関係者の多くが政権移行準備委員会のメンバ
ーに就任したが、その中にはレーガン政権で司法長官を務め、『ナショナル・
レビュー』誌のトランプ反対特集号の寄稿者の1人であったエドウィン・ミー
スも含まれていた。そしてトランプ政権が発足すると、ヘリテージ財団は同政
権との近さを強調するようになった。たとえば、2018年初頭にはヘリテージ
財団が作成した政策提言の6割以上が1年目のトランプ政権によって採用され
たと宣伝している[7]。

(3) Fox ニュース

　元々トランプとFoxニュースとの関係は悪くはなかった。2011年にトラン
プがいわゆるバーサー運動に深く関わるようになった際には、Foxニュースの
番組にしばしば出演し、オバマの出生地について疑問の声を上げていた。この
ように相性は悪くはなかったものの、2016年大統領選では当初からFoxニュ
ースは親トランプ路線を採用していたわけではない。トランプが出馬表明演説

7)　宮田智之「2016年大統領選挙とシンクタンク」日本国際問題研究所『平成28年度
外務省外交・安全保障調査研究事業 国際秩序動揺期における米中の動静と米中関係
米国の対外政策に影響を与える国内的諸要因』(2017年3月) 99-109頁 (http://
www2.jiia.or.jp/pdf/research/H28_US/10_miyata.pdf); Jeremy W. Peters, "Heritage
Foundation Says Trump Has Embraced Two-Thirds of its Agenda", The New York
Times, January 22, 2018 (https://www.nytimes.com/2018/01/22/us/politics/
heritage-foundation-agenda-trump-conservatives.html) 〔2020年11月20日アクセス〕.

で「メキシコ人は犯罪や麻薬をもってくる。彼らはレイピストだ」と主張した直後には、会長のルパード・マードック自らがこれを批判するツイートを発していた。

　しかし、トランプ支持者を中心にバノンが運営するブライトバート・ニュースが躍進する状況への危機感もあり、トランプの応援団へと「転向」していった。親トランプ路線に転じた Fox ニュースは、政権発足からまもなく、ショーン・ハニティー、タッカー・カールソン、ローラ・イングラハムを夜の番組の顔に据えた。やがてハニティーらは、トランプの声を広める拡声器の役割を演じるとともに、トランプ本人に直接影響力を及ぼすこともあった。そのため、ジャーナリストのジェーン・メイヤーは『ニューヨーカー』誌上で「Fox ニュース・ホワイトハウス」と表現するほどであった[8]。

(4)　『アメリカン・グレイトネス』での支持声明

　2016 年 9 月、ウェブサイトの『アメリカン・グレイトネス』で発表されたトランプ支持声明も、保守派の変貌ぶりを端的に物語る事例であった。125 名の保守派の知識人や元政治家らが署名し、その中には元下院議長のニュート・ギングリッチ、ペイパル創業者のピーター・ティールとともに、宗教保守系の論壇誌『ファースト・シングス』の R・R・レノらの名前があった。実はこのレノも、ヘリテージ財団のミース同様、『ナショナル・レビュー』誌のトランプ反対特集号に寄稿した 1 人であった。また、チャールズ・ケスラーをはじめとするクレアモント研究所関係者の名もあった。クレアモント研究所は「西海岸のシュトラウス派」とも呼ばれているシンクタンクであり、同研究所の論壇誌『クレアモント・レヴュー・オブ・ブックス』では、トランプ擁護の論考として注目を集めたマイケル・アントンの「ユナイテッド航空 93 便としての選挙」が同時期に掲載された[9]。

　『アメリカン・グレイトネス』上での支持声明には、レーガノミクスの土台

---

8)　Jane Mayer, "The Making of the Fox News White House", *The New Yorker*, March 4, 2019（https://www.newyorker.com/magazine/2019/03/11/the-making-of-the-fox-news-white-house）〔2020 年 11 月 20 日アクセス〕.

9)　井上弘貴『アメリカ保守主義の思想史』（青土社、2020 年）228-238 頁。

を提供したサプライサイド経済学の代表的な専門家の1人であるジョージ・ギルダー、ハドソン研究所のマイケル・ドラン、民主主義防衛基金のマイケル・ルディーンといった保守系シンクタンク関係者の名もあった[10]。これは、選挙後に本格化するヘリテージ財団に続く他の保守系シンクタンクの「転向」を示唆するものであった。事実、全てではないにせよ、選挙後に保守系シンクタンクの間でトランプへの接近を図る動きが活発化していく。ある保守系シンクタンクでは、トランプに関する批判的発言が研究所内部で徹底的に検閲されるほどであったと言われている[11]。しかし、こうした保守系シンクタンクの接近に対してトランプの態度は極めて冷淡であり、政権人事で応えようとはしなかった。

3　トランプ政権と保守派

(1)　保守系シンクタンクの「冷遇」

　上述の通り、保守派のエリートの中では、政界での経験のないトランプは必ず助けを必要とするため、その主張を変えることは十分可能であるといった認識が存在していたように思われる。すなわち、大統領に就任すれば、トランプは保守派のエリートの意向に沿って共和党の伝統的な政策路線を踏襲してくれるはずだと考えていた節がある。しかし、そのような期待は完全に裏切られたと言えよう。従来の共和党大統領と比べるとトランプは明らかに異質であった。トランプは保守派のエリートの支援を必要としておらず、そのような姿勢が端的に現れたのが保守系シンクタンクとの関係であった。

　長年、保守系シンクタンクは共和党政権にとって不可欠な存在として機能してきた。なかでも、レーガン、ジョージ・W・ブッシュ両政権では、ヘリテー

---

10)　"Scholars & Writers for America", American Greatness, September 28, 2016（https://amgreatness.com/2016/09/28/writes-scholars-for-trump/）〔2020年11月20日アクセス〕.

11)　Sol Stern, "Think Tank in the Tank", *Democracy: A Journal of Ideas*, July 7, 2020（https://democracyjournal.org/arguments/think-tank-in-the-tank/）〔2020年11月20日アクセス〕.

ジ財団、AEI、フーヴァー研究所などが政策案・人材の供給源として機能した
ことは周知の事実である。しかし、こうした歴代共和党政権とは対照的に、ト
ランプ政権では発足時より保守系シンクタンクの存在感は乏しかった。早くか
らトランプを応援し「政権中枢に近いシンクタンク」と注目を集めたヘリテー
ジ財団にしても、実際は多くの人材を供給できたわけではなかった。

　トランプ政権によって保守系シンクタンクが冷遇された要因としては、2点
挙げられる。第1に、トランプ自身の特徴である。まさにポピュリストの政治
家として、専門知識を非常に軽視する傾向があり、専門家に対して敵意を見せ
ることすらあった。第2に、保守系シンクタンク関係者も多数関わった「ネバ
ー・トランプ派」に対する激しい怒りである。「ネバー・トランプ派」の中には、
大統領選が終わると新政権への協力を申し出る者が少なからず現れるようにな
ったが、忠誠心を何よりも重視するトランプは自らに歯向かった者たちの政権
入りを悉く拒んだ。たとえ側近が推薦する人事案であっても、候補者が反対書
簡に署名していれば拒否するという徹底ぶりであった。2018年夏にマイク・
ポンペオ国務長官がAEIのダニエル・ブルーメンソールを国務次官補（東ア
ジア・太平洋担当）の候補の1人として検討した際も、ブルーメンソールが反
対書簡の署名者であった事実が災いして、この人事案は流れてしまった。類似
の例はトランプ政権下でかなり多く見られた[12]。

　確かに、トランプ政権への保守系シンクタンクの影響力が皆無であったわけ
ではない。トランプ本人やその側近との個人的な関係を通じて保守派の専門家
が一定の影響力を行使したと見られる事例は存在する。たとえば、トランプ政
権でも減税と規制緩和が推進されレーガン主義が部分的に踏襲されたが、それ
は、国家経済会議委員長のラリー・クドローとともに、サプライサイド経済学
の代表的専門家であるアーサー・ラッファーや、その弟子にあたるヘリテージ
財団のムーアらの存在が大きかった。特にムーアは政権入りこそしなかったも
のの、非公式の経済政策顧問として、新型コロナ経済対策に至るまでトランプ

---

12)　宮田智之「トランプ外交とシンクタンク——保守派専門家の動向を中心に」日本
　　国際問題研究所『令和元年度外務省外交・安全保障調査研究事業——トランプ政権の
　　対外政策と日米関係』（2020年3月）25-32頁（https://www2.jiia.or.jp/pdf/research/
　　R01_US/03_miyata.pdf）〔2020年11月20日アクセス〕。

政権中枢に多大な影響力を及ぼし続けた。また、対中政策ではハドソン研究所のマイケル・ピルズベリーが政権移行期からトランプ側近に助言を提供していたことで知られる[13]。

　しかし、以上のような事例が数多く観察できたわけではなく、全体として保守系シンクタンクの存在感はやはり希薄であった。要するに、レーガン以来の共和党政権を保守系シンクタンクが支えるという構図が崩れたのであり、トランプ時代は「保守系シンクタンク不遇の時代」であった。

(2)　トランピズムの浸透

　このように、トランプ政権では保守系シンクタンクをはじめとする保守派の専門家の影響力は限定的であったと指摘することができるが、同時にトランプ政権下で保守派のインフラ自体が大きな変容を遂げた事実も重要である。2016年大統領選を通じて保守派のエリートは続々とトランプの軍門に降っていった。上述した通り、『アメリカン・グレイトネス』誌での支持声明に署名した者は、125名を数えた。ただし、選挙戦の時点でトランプの主張まで積極的に擁護していた者は必ずしも多くいたわけではないように思われる。すなわち、ブキャナンやシュラフリーらの他では、先のケスラーやアントンといったクレアモント研究所関係者、そしてトランプ支持のオンライン論壇誌『ジャーナル・オブ・アメリカン・グレイトネス』を短期間発行したジュリアス・クレインなど一部に限られていたと考えられる。トランプ政権の4年間でこの保守派のエリートをめぐる状況が大きく変容したのであり、トランプの主張に同調する声が拡大したのである。言い換えると、保守派のインフラ内部でトランピズムがかなり浸透したと指摘することができる。そこで、以下では経済・通商と外交・安全保障の2つの分野に分けてこの現象を考察したい。

---

13)　Jim Tankersley, "Trump Awards Presidential Medal of Freedom to Arthur Laffer, Tax-Cut Guru", *The New York Times*, June 19, 2019（https://www.nytimes.com/2019/06/19/us/politics/arthur-laffer-medal-of-freedom.html）〔2020年11月20日アクセス〕; Ben Schreckinger and Daniel Lippman, "The China hawk who captured Trump's 'very, very, large brain'", *Politico*, November 30, 2018（https://www.politico.com/story/2018/11/30/trump-china-xi-jinping-g20-michael-pillsbury-1034610）〔2020年11月20日アクセス〕.

(3) 経済・通商

　2016 年大統領選でトランプが訴えた「アメリカ・ファースト」の柱の１つは、保護貿易主義であった。それは政権発足後も堅持され、環太平洋経済連携協定（TPP）からの離脱、北米自由貿易協定（NAFTA）の改訂、鉄鋼・アルミ製品への追加関税、そして対中制裁関税へと具体化された。また、国内政策においてもインフラ投資に前向きな姿勢を見せ、低所得労働者への賃金補助の支給、職業訓練支援の拡充、有給産休制度の導入なども提唱した[14]。

　このように、トランプ政権の経済・通商政策のかなりの部分は、市場原理や自由貿易を掲げたレーガン主義からの脱却を意味するものであったが、注目されるのは過去４年間で保守派のインフラの中でそのようなトランプ政権の路線を積極的に正当化し、公然と市場原理や自由貿易を批判する声が増大したことである。『ニューヨーク・タイムズ』紙コラムニストのデイヴィッド・ブルックスは、その代表的論者として、アメリカン・コンパス創設者のオレン・キャス、倫理と公共政策センターのヘンリー・オルセン、『ヒルビリー・エレジー』の著者 J・D・ヴァンス、AEI のマイケル・ドハーティ、ハドソン研究所のサーガー・エンジェッティ、ニスカネン・センターのサミュエル・ハモンド、Fox ニュースのタッカー・カールソンらを挙げている[15]。

　カールソンは 2019 年初頭に自身の番組で「市場万能主義が貧富の差を拡大させ、家庭を破壊している。労働者階級に生まれた者は結婚さえできない」と主張して大きな反響を呼んだ。そして、同年夏にはこのカールソンも登壇した「国民保守主義会議」という大会が開催された。この大会で中心的役割を担ったのは、ヨラム・ハゾニーという人物である。エドマンド・バーク財団の会長を務めるハゾニーは、2018 年秋に刊行した『ナショナリズムの美徳』の中で、自由貿易により形成されたグローバリズムは、現代の帝国主義であり、これに

14)　久保文明「トランプ政権３年間の軌跡──イデオロギー的分極化と収れん」『トランプ政権の対外政策と日米関係』97-105 頁（https://www2.jiia.or.jp/pdf/research/R01_US/11_summary-kubo.pdf）〔2020 年 11 月 20 日アクセス〕。

15)　David Brooks, "Where Do Republicans Go From Here?", *The New York Times*, August, 7, 2020（https://www.nytimes.com/2020/08/07/opinion/sunday/republican-party-trump-2020.html）〔2020 年 11 月 20 日アクセス〕.

対抗するためには、ナショナリズム、すなわち国民国家の復権が必要だと訴えている知識人である[16]。

　国民保守主義会議では、AEI に在籍するユヴァル・レヴィンも登壇している。レヴィンは、ロス・ダウサットやライハン・サラームらとともに、改革保守（リフォーモコン）を代表する知識人の１人である。改革保守とは、オバマ政権期に台頭し、保守の側から小さな政府路線の「限界」をいち早く指摘していた集団であり、政治家ではマルコ・ルビオ上院共和党議員と関係が深い。トランプ現象の勢いに押されしばらく影が薄い状態が続いていたが、カールソンらの主張と親和性が強いことから改革保守はその存在感を増大させてきている[17]。

　同じく国民保守主義会議に登壇したキャスも改革保守に属し、2012 年のロムニー陣営政策顧問やマンハッタン政策研究所研究員を経て、2020 年にアメリカン・コンパスというシンクタンクを創設している。まだ 30 代であるこの若手専門家が声高に主張しているのが産業政策の必要性であり、政府は製造業への支援において積極的な役割を果たすべきだと訴えている。以前の保守派であれば、間違いなく拒絶していた政策である[18]。

　以上から明らかなように、市場原理や自由貿易に批判的な声が主要な保守系シンクタンクなどに在籍する専門家の中にも徐々に浸透しつつあるが、このような現状は軽視すべきではない。なお、キャスが創設したアメリカン・コンパスには、『ジャーナル・オブ・アメリカン・グレイトネス』の後継誌として 2017 年に『アメリカン・アフェアーズ』を創刊したジュリアス・クレインとともに、マイク・ニーダムとデヴィッド・アゼラドが関わっている。ニーダムは、2010 年からおよそ 8 年間、ヘリテージ・アクション・フォー・アメリカを率い、アゼラドはつい最近までヘリテージ財団の研究員を務めていた[19]。

---

16)　会田弘継「アメリカ保守思想の変容と「小さな政府」の終焉」中央公論 2020 年 9 月号 142-149 頁、井上・前掲注 9) 251-260 頁。

17)　井上・前掲注 9) 267-271 頁。

18)　Gerald F. Seib, *We Should Have Seen It Coming: From Reagan to Trump-A Front-Row Seat to a Political Revolution* (New York: Random House, 2020), pp.244-245; Oren Cass, "A New Conservatism: Freeing the Right From Free-Market Orthodoxy", *Foreign Affairs*, March/April, 2021, pp.116-123.

(4)　外交・安全保障

　2016年大統領選でトランプは、外交・安全保障では孤立主義を唱え、北大西洋条約機構（NATO）を「時代遅れ」などと批判した。大統領就任後もNATO離脱、シリアやアフガニスタンからの撤退、在韓米軍の撤退等を主張し続け、実際にシリアからは部分的に米軍を撤退させたが、このようなトランプ外交は介入主義への反対論を強く刺激した。

　タッカー・カールソンはその最たる例である。カールソンは、2018年10月に刊行した『愚者の船（*Ship of Fools*)』の中で市場原理主義やグローバリゼーションがアメリカの労働者や家庭を疲弊させたと非難する一方で、外交政策についても言及し、アフガニスタンやイラクからシリアやイエメンに至るまで、外交エリートの主導のもとでアメリカは「愚かな戦争」を繰り返してきたと批判している[20]。

　従来、アメリカの外交コミュニティでは、国際主義を推進する勢力と比べると、孤立主義あるいは非介入主義の基盤は強固ではなかった。事実、首都ワシントンの政策コミュニティを見渡しても、ブキャナンの『アメリカン・コンサーヴァティブ』誌以外にそのような声を積極的に唱えていたのは、シンクタンクではリバタリアン系のケイトー研究所、リアリスト系のセンター・フォー・ザ・ナショナル・インタレスト、左派では政策調査研究所（IPS）、国際政策センター、防衛情報センターなどに限られていた。

　しかし、トランプ外交に触発される形でカールソンのような声が保守派内で勢いづくとともに、非介入主義のためのインフラ整備が本格的に始まった。クインジー研究所はその典型である。クインジー研究所は、保守主義者のアンドリュー・ベースヴィッチ、国際政治学界のリアリストのジョン・ミアシャイマ

19)　James Hohmann, "Conservative intellectuals launch a new group to challenge free-market 'fundamentalism' on the right", *The Washington Post*, February 18, 2020 （https://www.washingtonpost.com/news/powerpost/paloma/daily-202/2020/02/18/daily-202-conservative-intellectuals-launch-a-new-group-to-challenge-free-market-fundamentalism-on-the-right/5e4b751a602ff12f6a67164b/）〔2020年11月20日アクセス〕.

20)　中山俊宏「トランプ外交のルーツ」吉野孝＝前嶋和弘編『危機のアメリカ「選挙デモクラシー」──社会経済変化からトランプ現象へ』（東信堂、2020年）219–222頁.

88

ーやスティーブン・ウォルト、そして左派系の専門家であるスティーブン・ワーサイムらが中核となり2019年末に発足し、アメリカはいまだに「終わりなき戦争（endless war）」を戦い続けているとして「外交上の関与と軍事力の抑制を重視する新たな外交政策の基盤を築く行動型のシンクタンク」になることを目指している。研究所の設立に際しては、チャールズ・コークとジョージ・ソロスという左右の大富豪が資金源である事実も大きな注目を集めた。また、クインジー研究所ほど注目されてはいないものの、同研究所の創設に先立って、ディフェンス・プライオリティーズという非介入主義シンクタンクも生まれている。さらに、ウォルトをはじめ国際政治学界のリアリストが指揮する大学付属の研究機関やプログラムへのコーク財団などからの支援も近年拡充している[21]。

　このように、トランプの登場は非介入主義勢力にとって大きな追い風になったが、トランプ外交を孤立主義の視点のみで捉えることは適切ではない。2016年大統領選の終盤に入ると、トランプは「力による平和」も訴えるようになった。上述の通り、「力による平和」とはレーガン外交を意味し、基本的には「アメリカ・ファースト」と両立するものではない。また、レーガン外交では同盟や道義性が重視されたが、トランプ外交にはそのような性格が完全に欠落していた。以上の違いはあるにせよ、政権発足直後のシリア空爆やアフガニスタンへの増派、「最大限の圧力」を掛けた当初の対北朝鮮政策、前政権よりも踏み込んだウクライナへの軍事支援、南シナ海での航行の自由作戦の実施など、力を背景とした外交を展開したことは事実である。そして、こうしたトランプ外交の特徴が表明されたのが2017年末の『国家安全保障戦略』をはじめとする政府文書であり、それら文書では中ロを現状変更勢力と規定し「大国間競争」が強調された。

　「大国間競争」を強調する姿勢、特に中国に対する強硬姿勢は、保守系シンクタンクの間でも共有されている。その象徴がハドソン研究所である。2018年秋にマイク・ペンス副大統領はあらゆる分野を対象とした包括的な対中批判

21）　宮田智之「アメリカにおける非介入主義勢力の結集」国際問題694号（2020年）31-38頁。

を行ったが、その演説の舞台はハドソン研究所であった。また、トランプ政権に影響を与えたとされるピルズベリーも同研究所に在籍している。そして何よりも、ハドソン研究所には、H・R・マクマスターや『国家安全保障戦略』の主要執筆者であるナディア・シャドロウをはじめ、トランプ政権の元高官数名が相次いで移籍しており、2021 年 1 月の政権交代直後には、ポンペオ前国務長官も「特別フェロー」の肩書きで加入している[22]。

　同様に、トランプ政権の対中強硬論を受け継いでいると見られるシンクタンクとして、同政権の元高官によって 2020 年にマラソン・イニシアチブが設立されている。ブルッキングス研究所のトーマス・ライトによると、創設者のエルブリッジ・コルビーとウェス・ミッチェルは次世代の共和党系外交専門家を代表する地政学論者であり、中国の台頭への対応を最優先にすべきであると訴えている[23]。

　確かに、反共主義の立場から伝統的に保守系シンクタンクでは対中タカ派の性格が強い。しかし、以上のシンクタンクに代表されるように、トランプ外交の影響を受けながら米中新冷戦を唱導する中核的拠点の 1 つへと浮上していると言える[24]。

おわりに

　長年、共和党は「レーガンの政党」と呼ばれた。しかし、それが今やレーガ

---

22)　宮田・前掲注 12)。
23)　Marathon Initiative（https://www.themarathoninitiative.org）〔2020 年 11 月 20 日アクセス〕; Thomas Wright, "Will Trumpism Change Republican Foreign Policy Permanently?", *The Atlantic*, August 28, 2020（https://www.theatlantic.com/ideas/archive/2020/08/will-trumpism-change-republican-foreign-policy-permanently/615745/）〔2020 年 10 月 31 日アクセス〕。
24)　2019 年春には「現在の危機に関する委員会：中国」という、対中最強硬派の団体も発足している。バノンやギャフニー、一部保守系シンクタンク関係者らも関わっており、あらゆる手段を通じて中国共産党体制を転覆させることを唱えている。佐橋亮「アメリカと中国(5) 一枚岩ではない対中強硬論」東京財団政策研究所 WEB 論考（2019 年 4 月 26 日）（https://www.tkfd.or.jp/research/detail.php?id=3089）〔2020 年 11 月 20 日アクセス〕。

ン主義とは大きく異なるトランピズムが共和党を支える保守派のインフラの間で着実に浸透しており、こうした動きと並行して、マルコ・ルビオ、ジョシュ・ホーリー、トム・コットン、ベン・サスといった上院議員に代表されるように、市場原理や自由貿易に対して厳しい姿勢を打ち出す共和党政治家も現れている。ルビオらは、トランプ政権下での新型コロナ経済対策においても、連邦政府の積極的役割を肯定する救済策を推進した。

　もっとも、レーガン主義の力を過小評価すべきではないし、今後小さな政府論者たちが反撃してくる状況は容易に想像できる。そのため、短期的にはレーガン主義とトランピズムがせめぎ合う状況は十分考えられる。しかし、2020年大統領選で改めて示された熱狂的なトランプ支持層の存在や、トランプ自身が政界の表舞台から身を引くシナリオは考え難いこと、そして本稿で詳述した保守派内部の地殻変動を考えるならば、中長期的には共和党の「トランプ化」が一層進む可能性は否定できないように思われる。

　同時に、アメリカ政治に与えるトランピズムの影響として次の可能性も考えておくべきである。トランプは、いわゆるアイデンティティ・ポリティックスを通じて分極化をさらに加速させた反面、保護貿易主義や孤立主義といった民主党左派に近い立場を推進した。すなわち、この先もトランピズムがさらに影響力を持ち続ければ、一部の政策分野においてイデオロギー的収れんが起きる可能性がある[25]。経済政策などに関して左派とほぼ同様の主張を展開しているカールソンの例や、左派の専門家も参加しているクインジー研究所などの動きは、まさしくそうしたイデオロギー的収れんを示唆するものと捉えることができ注目されよう。

---

25)　久保・前掲注14)。

第**6**章

トランプ政権における財政規律問題

中林美惠子

はじめに

　予算編成権限を有する米国議会にとって財政規律問題は、長きにわたって共和党と民主党を分断する最重要政策課題となっていた。共和党による保守革命とも称された 1994 年の中間選挙では、公約の「アメリカとの契約」で財政均衡が最優先課題とされた。その後も、2010 年の選挙で活躍したティーパーティー運動は「小さな政府」や減税および財政規律をスローガンに掲げて主張を展開した。このように財政規律は、政党対立や政治の分極化の中で、重要な要素として存在してきた。

　しかしながら、2017 年にトランプ政権が誕生してからは、財政規律は必ずしも共和党の最重要課題ではなくなる状態が生まれた。それは多分にトランプ大統領の政策スタンスおよび財政規律への関心の低さが影響した可能性があるが、それと同時に国民の感心も財政赤字からは遠のく傾向があった。

　加えて 2020 年に入ると、新型コロナウイルスがパンデミックとなって社会と経済に大きな影響を与えた。財政に関する認識も大きく変化した。財政赤字の問題よりも人命や健康そして経済活動の維持が優先され、巨額の経済救済策であっても当初は議会が素早く立法させるに至った。ただし、第 4 弾の経済対策は 11 月大統領選挙を前に合意が難しくなり、年末になってようやく成立した。

　そこで本稿では、まず共和党と民主党の財政規律におけるかつての分断を振

り返り、さらにトランプ政権における前半の統一政府[1]、そして後半の分割政府[2]、さらにコロナ禍の緊急財政出動を考察し、長期にわたる政党対立を経た後の収斂の様子も概観することとする。

1　トランプ政権以前の財政規律問題と政治

(1)　共和党保守革命時代の財政規律

　共和党は財政赤字問題を政策の軸に据え、長い間さまざまな政策課題で民主党との違いを鮮明にしてきた。ところが、1992年の大統領選挙で第三政党からロス・ペロー氏が立候補し、既存の政治に対する批判の根拠を財政赤字に据えて大きな注目を浴びてからは、同年立候補したビル・クリントン候補も財政規律を公約に取り入れた。クリントン政権は、「1993年包括財政調整法」を用いて個人所得税最高税率を引き上げたり、法人増税および軍事費やメディケアの削減を目指した。しかし、民主党主導の財政規律はまやかしだと主張した共和党は、クリントン政権が推進しようとした経済刺激策を財政規律問題を根拠に廃案とし、1993年から94年にヒラリー・クリントン夫人が主導した健康保険改革も、財政赤字を悪化させると断じて、本会議に取り上げられる手前の委員会レベルで廃案とした。

　1994年の中間選挙では、ニュート・ギングリッチ下院議員（後に下院議長）を中心とする共和党保守派が「アメリカとの契約」で財政均衡を最優先の公約として掲げて登場した。増税ではなく、歳出削減や減税を手法とする方針だった。選挙の結果、上下両院で共和党が多数を占める共和党保守革命と呼ばれる大きな勝利を果たし、1995年の会期開始から共和党独自の予算案を議会で練り始めた。年末までに5,000ページを超える新しい法案が出来上がったが、結局のところ民主党のクリントン大統領による拒否権が発動され、政党対立は激化していった。その後も立法府と行政府の交渉は難航し続け、1995年から1996年にかけての真冬には2度の政府機関一部閉鎖が起こった。そうした政

---

1)　unified government
2)　divided government

治状況であったため、1995年10月から発効するはずの1996年度歳出法の最後の13本[3]目が通過したのは、1996年4月下旬だった。このような財政規律を巡る競争と対立が実質的には歳出を抑え込むこととなり、また好景気が重なったことも幸いし、1998年度から2001年度まで一時的ながら4年連続の黒字年度[4]を記録した。

(2)　ブッシュ政権とオバマ政権の時代

　クリントン政権時代の財政黒字を引き継いだジョージ・W・ブッシュ（子）政権（2001年発足）は、保守派がかねてから主張していた減税を断行し、個人所得税率や配当・キャピタルゲイン税率を引き下げ、法人への優遇税制にも踏み込んだ。しかし、2001年に発生した同時多発テロを契機に、テロとの戦いやイラク戦争などが続き、戦時財政という特殊な環境で財政は悪化することになった。

　2009年発足のオバマ政権は、リーマンショック金融危機からの回復を担った。大規模な財政支出と医療保険改革法（いわゆるオバマケア）[5]などを断行するものの、2010年の中間選挙で議会の多数派を民主党が失ってからは、ティーパーティー運動などを内包した共和党と対立し、年度開始前に歳出法を成立させることができずに政府機関一部閉鎖などを招いた。また債務残高が議会の定める上限に近づいてデフォルト寸前の危機にも直面した。2011年8月には「2011年予算管理法[6]」を通過させて財政再建の道筋を定めることになり、10年間で2.4兆ドルの財政赤字削減と債務上限引き上げがセットとされた[7]。両党の交渉と

---

3)　2008年度から12本に減少。それ以前は13本。
4)　義務的経費を含むオンバジェット支出と裁量的経費を含むオフバジェット支出で構成される。
5)　The Patient Protection and Affordable Care Act または The Affordable Care Act（ACA）と呼ばれる。
6)　Budget Control Act of 2011.
7)　条件としては、共和党と民主党の議員それぞれ6人が参加する超党派特別委員会（Joint Select Committee on Deficit Reduction）によって、社会保障や税制改革で財政赤字削減策をまとめられれば、それと同額の債務上限を引き上げられるとするもの。それができない場合は、軍事費も含めて強制的にSequestrationが発動され、歳出の一律カットが行われる。

妥協を求めるのが法の趣旨であったが、対立は激しさを増し、年度前に歳出法が成立することを更に難しくしたとも考えられる。

(3) 歳出法が年度前に成立しない傾向

アメリカの会計年度は 10 月から始まり 9 月に終わる。9 月末までに 12 本すべての議会審議が終結しない場合には、暫定の CR（Continuing Resolution：日本では暫定予算やつなぎ予算と訳される）によって期日を先延ばしにする手法が用いられる。歳出法が期限内に成立しない理由は、物理的に調整時間が足りないこともあるが、対立する利害を期限内に調整することが困難だからだ。

議会調査局のレポート[8]によれば、1977 年度から 2020 年度にかけて、44 回の会計年度のうち 41 回で 1 本以上の CR が成立してきた。CR の平均期間は 5 か月にも上り、年度によっては 1 年間まるまる CR でしのぐケースも見られた。例えば、2007 年度、2011 年度、2013 年度などがそのケースとなる。逆にすべての歳出法が期限前に成立したのは、1977 年度、1989 年度、1995 年度、そして 1997 年度となる。歳出法の半数以上が期限前に成立したのは 1 回（1978 年度）、そして歳出法 6 本以下だったケースは 44 回中 16 回であった。16 回のうち 11 回は、直近 19 年間のうちに起こっている。

2　トランプ政権の財政政策と共和党議会

(1) 統一政府下のトランプ政権

トランプ政権下の 2017 年と 2018 年は、上下両院で共和党が多数派を占めた年であり、統一政府の状態であった。2017 年に当選間もなかったトランプ大統領は、3 月 16 日の時点でも 2016 年から続く CR に頼って財政支出を継続していた。大統領と政党を同じくする共和党議会は、2017 年 4 月 28 日に CR が切れるのに合わせて審議を重ねてきたが、結局のところ成案が得られず、さらに 1 週間の CR を通過させて 5 月 5 日までを期限とし、5 月 3 日にようやく下

---

8)　*Congressional Research Service*, "Continuing Resolutions: Overview of Components and Practices", November 5, 2020.

院で、そして4日に上院で、ほぼ半年遅れの歳出法が成立した。これは12の歳出小委員会ごとに分かれて作成する別々の法案のうち未通過であった11本（国防関係費だけが通常の歳出法で通過済み）を1本にまとめ、1回で投票できるようにしたもの[9]である。

　ここまで歳出法の成立が遅れた理由は、共和党議会がトランプ大統領および政党の優先政策事項などを盛り込むために、CRで時間を稼ぐことを選択したからである。また、オバマ政権による2016年9月末の歳出法成立を共和党が阻んでCRで対処したのも、前政権の影響を翌会計年度末（2017年9月30日）に引きずらせないための方策であった。このCRが切れる期限（当初は4月28日）を決定したのは、トランプ氏が新大統領となることが確定した後の12月のレイムダック・セッションであった。しかし、前述したとおり4月28日には法案通過が間に合わず、両党の交渉を続けるために5月5日までCRを延長し、政府機関が一部停止すること（ガバメント・シャットダウン）は何とか避けた。その結果、2017年度の歳出法は同年5月に成立した。

　このオムニバス形式の歳出法の総額は1.1兆ドルに上った。これは必ずしも財政規律に直結するものではなかった。したがって、この時は共和党が大いに割れ、18人がこの歳出法に反対票を投じ、32人が賛成票を投じた。その背後では、保守派団体のフリーダムワークス（FreedomWorks）が、財政規律や小さな政府を標榜して運動を繰り広げ共和党議員に反対票を投じるよう働きかけしていた[10]。この歳出法案に民主党議員の主張が反映されていたことが保守派の不満の理由だった。そのような運動の影響もあってか、リンゼイ・グラム上院議員は、防衛費増額を歓迎しながらも、この歳出法案には反対票を投じた[11]。

　2018年度（2017年10月～2018年9月）の予算編成は、法改正を含めた大幅な予算の見直しが可能となるトランプ政権初のチャンスだった。大統領の予算

---

9)　一般に、オムニバス歳出法と呼ばれる。

10)　*FreedomWorks*, "Key Vote NO in the Senate on the Consolidated Appropriations Act, H.R. 244", May 3, 2017（Key Vote NO in the Senate on the Consolidated Appropriations Act, H.R. 244 | FreedomWorks）.

11)　*Defense News*, "US Senate passes government spending bill through September", May 4, 2017（http://www.defensenews.com/articles/us-senate-passes-government-spending-bill-through-september）.

教書[12]が議会にリクエストされたのは、2017年5月23日（本来は2月の第1月曜日）で、共和党議会の実力を試すものとなった。当然ながらトランプ大統領を支えて政策実現を果たすのが、共和党が多数を占める議会の役割でもある。しかし同時に、財政規律を重要視する共和党ならではの悩みが内在した。アメリカの財政赤字は、増加の一途を辿っていたのだ。

　また共和党にとっては、減税は高い優先度をもつ。トランプ氏の選挙公約[13]でもあり共和党の悲願だった法人税や個人所得税の減税を大統領が発表[14]したのは、4月26日となった。法人税を35％から15％へ引き下げ、個人所得税は現在の7段階最高39.6％の累進課税から3段階10％、25％、35％へと引き下げるものだった。その他の減税策も含め、初年だけで2,880億ドルの歳入減が見込まれた。しかしトランプ政権は、減税による経済活性化、雇用・納税者増による税収増でいずれ相殺できるとした。

　大統領案の発表後、共和党議会は大統領府と事前協議をした上で統一プランを練ることで合意した。ただ当時の下院歳出委員会では既に、ライアン下院議長の名を冠したRyan-Brady tax plan[15]の作成が着手され、法人減税は15％でなく20％が目指されていた[16]。下院案では、①国境税を含む下院の青写真に忠実であり続ける、②税制改革は経済成長を促進する目的でなければならない、③税制改革は現実的な経済成長の見込みに従い必ず財源を確保し財政的にニュートラルでなければならないとされた[17]。

12)　Office of Management and Budget, "Budget of the U. S. Government: New Foundation For American Greatness, Fiscal Year 2018", May 23, 2017 (https://www.whitehouse.gov/sites/whitehouse.gov/files/omb/budget/fy2018/budget.pdf).

13)　Donald Trump, "Donald Trump's Contract with the American Voter", October 23, 2016 (https://assets.donaldjtrump.com/_landings/contract/O-TRU-102316-Contractv02.pdf).

14)　*The New York Times*, "White House Proposes Slashing Tax Rates, Significantly Aiding Wealthy", April 26, 2017 (https://www.nytimes.com/2017/04/26/us/politics/trump-tax-cut-plan.html).

15)　*CNBC*, "Paul Ryan is confident he can sweeten tax reform to win over GOP holdouts", October 26, 2017 (Paul Ryan confident he can sweeten tax reform to win over GOP holdouts (cnbc.com)).

16)　*Congressional Research Service*, "The 'Better Way' House Tax Plan: An Economic Analysis", August 3, 2017.

上院では、法人税を下げるにしても 25％が限度だろうという声も出ていた[18]。財政規律が失われると危惧されたからである。当時のオリン・ハッチ上院歳入委員会委員長（共和党）は、40 年近くの長きにわたり財政規律派を自負し、過去 28 回にわたって財政均衡の憲法修正案を支持した人物で、2017 年 2 月 27 日の上院本会議では「財政赤字は国家の安全保障である」とまで述べていた[19]。

　しかし、そのハッチ上院議員も、その演説から数か月後には「経済成長ができるなら財政赤字は容認する」と方針転換した[20]。1.5 兆ドル規模の減税のための財源探しは追求されず、この時点で共和党の財政規律に対する認識は、弛緩し始めたと指摘されるようになった。下院共和党案が主張していた「税制改革は現実的な経済成長の見込みに従い必ず財源を確保し財政的にニュートラルでなければならない」という条件も葬り去られた。

　結果として法人税は、議会とホワイトハウスの間で 21％の線で妥協が図られ、2017 年 12 月 22 日に大統領が署名し減税・雇用法（Tax Cuts and Jobs Act：TCJA）[21]が成立した[22]。ただし、これは予算決議の財政調整プロセスを用いたためフィリバスターのルール[23]が存在する上院でも単純過半数での可決（51 対 48）[24]となり、丁寧な審議がなされなかったという民主党の不満を招いた[25]。

---

17)　*The Center for Public Integrity*, "The Secret Saga of Trump's Tax Cuts", April 30, 2019（https://publicintegrity.org/inequality-poverty-opportunity/taxes/trumps-tax-cuts/the-secret-saga-of-trumps-tax-cuts/）.

18)　*Reuters*, "Trump extols corporate profits while seeking corporate tax cut", August 1, 2017（https://www.reuters.com/article/us-usa-tax-idUSKBN1AH3ZQ）.

19)　*Uta Channel 3*, "28's the charm? Hatch introduces Balanced Budget Amendment", February 27, 2017（https://www.utahchannel3.com/2017/02/27/28s-the-charm-hatch-introduces-balanced-budget-amendment/）.

20)　*Reuters*, "Senate Republicans weigh tax cuts, deficit expansion", September 20, 2017（https://www.reuters.com/article/us-usa-tax-idUSKCN1BU2R6）.

21)　U.S. Department of the Treasury, "Tax Cuts and Jobs Act"（https://home.treasury.gov/TaxCutCutCut）.

22)　*Bloomberg*, "Trump Signs $1.5 Trillion Tax Cut in First Major Legislative Win", December 23, 2017（https://www.bloomberg.com/news/articles/2017-12-22/trump-signs-1-5-trillion-tax-cut-in-first-major-legislative-win）.

23)　審議の停止を解除するには、100 人の上院議員のうち 60 人以上の賛成を必要とする。

98

(2) オバマケア廃止・代替法案は上院で成立せず

　2017年5月4日の下院本会議では、医療制度改革法（ACA）いわゆるオバマケアの廃止・代替法案（H.R.1629. American Health Care Act：AHCA）が可決にこぎつけていた。オバマケアは多くの国民が保険に加入できることを目指し、2014年から国民に保険加入を義務づけたものである。しかし病歴などのある大量の人々が保険に加入してきたため、保険会社の負担は予想を超えて大きくなった。その結果、保険料の大幅な引き上げが起こり、保険販売から撤退する会社も増えた。特に財政規律の面では、政府補助金と保険料負担増に反対する共和党が中心になって、オバマケア廃止の訴えが続き、2016年の大統領選挙でも公約として掲げられた。

　共和党の代替法案は、基本的にはオバマケアから保険加入義務を撤廃し、低所得者向け保険への政府支援を縮小する内容であった。しかし、共和党は必ずしも一枚岩になれなかった。穏健派の議員は、無保険者の増加を心配し、一方の保守派の議員はもっと政府補助金を減らさなければ賛成できないとした。さらにオバマケアの完全廃棄でなければ賛成できないとする強硬派もいた。その結果、3月24日に予定した下院採決で十分な賛成票が見込めず、法案は突然に取り下げられた[26]。上下両院で共和党が多数を占める統一政府にも関わらず、重要法案がとん挫したことで、トランプ大統領のリーダーシップに大きな疑問符がついた瞬間だった。その後共和党指導部は、病歴のある加入希望者に保険会社が割増保険料を請求することを認める一方、既往症のある人に保険料補助を出すなどの修正を行って、共和党内の保守派と穏健派の双方に配慮する法案を出し直した。

24)　Kaplan, Thomas and Rappeport, Alan, "House Passes Tax Bill, as Does Senate Panel", *The New York Times*, November 16, 2017 (https://www.nytimes.com/2017/11/16/us/politics/house-tax-overhaul-bill.htm).
25)　Seung Min Kim and Colin Wilhelm, "Republicans rewriting tax bill hours before possible vote: Senate GOP leaders are still making major changes to the plan in order to win over several hold-outs", *Politico*, December 1, 2017 (https://www.politico.com/story/2017/11/30/mccain-to-vote-for-gop-tax-bill-270511).
26)　*CNN*, "House Republicans pull health care bill", March 25, 2017 (https://edition.cnn.com/2017/03/24/politics/house-health-care-vote/index.html).

　下院が法案通過に成功した5月の採決の結果は 217 対 213 票で、賛成票は共和党票だけだった。民主党議員 193 人は反対となり、共和党議員 20 人が反対票を投じた[27]。決め手は、3 月時点では大多数が反対を表明[28]していた保守系のフリーダム連盟（Freedom Caucus）に属する議員のうち 30 人が共和党政権に配慮して賛成に転じたことだった。2017 年から共和党主導の統一政府が成立していたにもかかわらず、もし医療保険問題の解決が前進できなければ、トランプ大統領を当選させた国民の期待に背くことになると考えられた[29]。

　ただし、下院を通過した法案は必ずしも上院の法案と一致するとは限らない。それでも、上院でのプロセス上の準備は万端だった。通常はフィリバスターの院内ルールがあるが、オバマケアの廃止・代替法案に関しては同年の予算決議の中で財政調整プロセスを採用し、フィリバスターがかからないよう、1 月 12 日に通過した 2017 年度予算決議[30]まで準備されていたのである[31]。したがって上院では 52 議席で多数党の共和党が、50 人の賛成を得られればオバマケア廃止・代替案を成立させることができるはずだった。上院では 3 種の関連法案が提案された。すでに最初の 2 法案[32]は、共和党内の議員の造反があり、否決されていた。その後、7 月 28 日に 2017 年健康保険自由法（H.R. 1628, Health Care Hreedom Act of 2017）[33]が上院で採決されることになった。しかしこれも結局は、ジョン・マケイン上院議員ほか 2 人の共和党議員が造反して（49 対 51 で）否決された[34]。その後オバマケア廃止の試みはなされていない。

27)　*U.S. House of Representatives*, "Final Vote Results for Roll Call 256", May 4, 2017.（http://clerk.house.gov/evs/2017/roll256.xml）.

28)　*Impact 2020*, "Freedom Caucus ready to object to rushed Obamacare repeal without replacement plan", January 9, 2017（https://www.mcclatchydc.com/news/politics-government/congress/article125556139.html）.

29)　*Politico*, "Trump vs. the Freedom Caucus", March 24, 2017（https://www.politico.com/story/2017/03/trump-freedom-caucus-obamacare-236443）.

30)　Andrew Taylor, "Congress presses ahead on dismantling health care law", *St. Louis Today*, January 12, 2017（https://www.stltoday.com/news/national/obamacare-is-one-step-closer-to-repeal-after-senate-advances/article_241ecb7a-8662-5e59-96af-484ac8d82379.html）.

31)　2017 年に審議されるのは 2018 年度予算である。

32)　Better Care Reconciliation Act of 2017（BCRA）および Obamacare Repeal Reconciliation Act of 2017（ORRA）。

(3) 予算編成の攻防と緊急経済対策

2018年の予算編成は難航を極めた。すでに成立が遅れていた2018会計年度予算は、5回にわたるCR成立によって歳出法をまとめる期限（2017年9月末）が延長され続けた。最後のCRは、2018年2月9日に成立し、2018年超党派予算法（Bipartisan Budget Act of 2018）に含まれる形式となった[35]。この最後のCRが切れる3月23日には、2018会計年度予算となるオムニバスの歳出法（複数の歳出法をひとまとめにしたConsolidated Appropriations Act, 2018）が成立した。

2018年超党派予算法は5回目のCRのほか、2011年予算制御法（Budget Control Act of 2011）によるシークエストレーション（歳出の一律カット）措置を回避する根拠となる歳出上限額の変更も含んだ[36]。これは、2018会計年度と2019会計年度の2年間に限り上限を上積みするもので「2年予算ディール」と呼ばれた。非常に難しい交渉が成立した背景は、テキサス、フロリダ、プエルトリコ、カリフォルニア州などで起こった自然災害への緊急対応予算900億ドルの必要性だった。また2018年超党派予算法は、政府の債務上限を2019年3月1日まで撤廃するという合意も含んだ。これは自然災害等への財政対応が、審議の分裂回避に寄与したトランプ政権最初の事例となった。

---

33) 議会予算局（CBO）によれば、この法案が成立すると医療保険料は20%上昇。そして1600万人の保険未加入者が増加すると予測された。（Cost Estimate of "H.R. 1628, the Better Care Reconciliation Act of 2017: An Amendment in the Nature of a Substitute", July 20, 2017.）

34) *HuffPost*, "Obamacare Repeal Flames Out In The Republican Senate", July 28, 2017（https://www.huffpost.com/entry/obamacare-repeal-flames-out-senate_n_597a6adbe4b02a4ebb744da0?ncid=fcbklnkushpmg00000063&utm_campaign=hp_fb_pages&utm_source=main_fb&utm_medium=facebook）.

35) 中林美恵子「予算過程から見るアメリカ政治——CR編」東京財団政策研究所WEB論考（2018年8月24日）。

36) Bipartisan Budget Act of 2018によれば、防衛費の増額は2018年度に800億ドルそして2019年度に850億ドルとなっており、防衛費以外の増額については、2018年度が630億ドルで2019年が680億ドルとなっている。

3　下院を民主党に奪われた大統領と共和党上院の攻防

(1)　分割政府と政府機関一部閉鎖

　トランプ政権前半（2017 ～ 2018 年）は、統一政府の構造に支えられて、予算編成や債務上限引き上げ、また大型減税法案の議会通過など、比較的に政権の成果が見られた時期だった。後半（2019 ～ 2020 年）では、2018 年の中間選挙を経て民主党に下院を制され、分割政府という構造を抱えた。

　2019 年 1 月の時点でも、2019 年度の歳出法は 12 本のうち 7 本が未成立であった。当該年度の予算編成は紛糾し、2018 年 12 月 22 日末から 35 日間（米国史上最長）続いた政府機関一部閉鎖は、翌年 1 月 25 日に（閉鎖の原因となった）メキシコとの間の壁建設費用を含まない 3 週間の CR が成立して終了した。この時、6 名の共和党上院議員が、民主党議員と共に壁費用なしの民主党案に賛成している[37]。そして CR 期限の 2 月 14 日、2019 年度の歳出法をオムニバスとして可決し、ようやく決着をみた。ただし、同法の国土安全保障部門は国境警備に 225 億 4,000 万ドルを含んでいたものの壁の建設費は 13 億 7,500 万ドルに止まり[38]、大統領が要求した 57 億ドルよりも著しく少なかった。そこで大統領は、2 月 15 日に「国家非常事態」を宣言した。国防費の一部を壁の建設に流用するためである。これは議会の予算編成権限を侵すとして、法廷闘争が繰り広げられたが、国家非常事態宣言という大統領権限を重視した連邦最高裁によって、2019 年 7 月 26 日に割り当て違いの予算を壁建設に流用することが認められた[39]。

　続く 2020 年度予算編成も難航した。これは前年度予算の膠着や政府機関一部閉鎖および分割政府の影響であったといっていい。まず、本来 2019 年 2 月

37)　中林美恵子「年の瀬の攻防：2020 会計年度予算編成」東京財団政策研究所 WEB 論考（2019 年 12 月 17 日）。

38)　*Senate Committee on Appropriations*, "Conferees Introduce Legislation to Secure Border, Fund Government", February 13, 2019（https://www.appropriations.senate.gov/news/conferees-introduce-legislation-to-secure-border-fund-government）.

39)　*Bloomberg*, "Supreme Court Clears Trump to Build 100 Miles of Border Fencing", July 27, 2019（https://www.bloomberg.com/news/articles/2019-07-26/supreme-court-clears-trump-to-build-100-miles-of-border-fencing）.

の第1月曜日に議会に送付すべき大統領予算教書は、政府機関一部閉鎖の余波で3月11日までずれ込んだ。また2020年度の予算決議（予算委員会が所轄する）も、下院が民主党多数になったことで暗礁に乗り上げた。共和党が多数を占める上院では、4月1日に予算決議が通過し本会議に付託されたものの、下院がこれを審議することは最後までなかった[40]。大幅に遅れた2020年度の歳出法成立は、12月14日時点で12本のうち1本のみが成立している状態であった[41]。この年のCR[42]は12月20日が期限に設定されていたが、その直前に議会での合意が決着することとなった。2020年は大統領選挙と議会選挙を控えており、すでに民主党が大統領選の予備選挙を目前に控える状況であったことも、年内に決着した要因だろう。素早い採決を目指し、12本の歳出法は2本に束ねられ（この年はこれをミニバスと呼んだ）、安全保障関連（8,603億ドル）[43]とその他（5,404億ドル）[44]に分けられた。メキシコ国境の壁建設費用は前年度と同水準（トランプ大統領は2020会計年度に90億ドルを要求）、そして総額約1兆4,000億ドルの予算規模かつ前年度から約500億ドルの拡大で、合意がなされた。財政支出拡大に含まれたものには、政府職員（軍隊を含む）の給与の3.1％増額や、国防予算に220億ドル増額、銃撃事件の調査費用に2,500万ドル（20年来で初めての措置）などがある。税制優遇措置の期限延長による税収減を含め、向こう10年間の財政赤字は約5,000億ドルの増加と予測された[45]。

　また、8月2日に成立した2019年超党派予算法（Bipartisan Budget Act of

40)　中林・前掲注37)。
41)　中林・前掲注37)。
42)　Continuing Appropriations Act, 2020, and Health Extenders Act of 2019 と命名された。
43)　*House Committee on Appropriations*, "National Security Appropriations Minibus, H.R.1159", December 17, 2019（https://appropriations.house.gov/sites/democrats.appropriations.house.gov/files/National%20Security%20Appropriations%20Minibus%20summary.pdf）.
44)　*House Committee on Appropriations*, "Domestic Priorities and International Assistance Appropriations Minibus, H.R. 1865", December 17, 2019（https://appropriations.house.gov/sites/democrats.appropriations.house.gov/files/Domestic%20Priorities%20and%20International%20Assistance%20Appropriations%20Minibus%20summary_0.pdf）.

2019）は、この年の成果として特筆される。この法律には、2019 会計年度と 2020 会計年度の 2 年分の裁量的経費を引き上げること、そして債務上限を 2019 年 8 月 1 日から 2021 年 7 月 31 日まで撤廃することという、2 つの重要な合意が含まれていた。裁量的経費の上限枠は、現行の枠に 3,200 億ドルを上載せすることになり、2011 年の予算制御法（Budget Control Act of 2011）に基づく一律カット（sequestration）を回避することになったのである[46]。大統領は大歓迎で署名したのだが、実は議会共和党は大いに割れていた。下院で行われた 7 月 25 日の投票では 284 対 149 票で、民主党の造反者が 16 人だったのに対し、共和党の造反者は 132 人に上った。財政規律を重んじる議員らが、歳出拡大へ懸念を理由に反対した。8 月 1 日の上院採決では 67 対 28 票となり、共和党から 23 人の造反者が出た（民主党は 5 人のみ）[47]。このように、トランプ政権の財政規律に対する姿勢に対し、一定の共和党議員の反発があったことがうかがえる。

　2021 会計年度の歳出法は、2020 年 12 月 11 日を期限とする CR（9 月 30 日成立）[48]で、暫定的に支出が可能となっている。本稿執筆の 11 月 29 日時点において、12 本すべての歳出法を 1 本にまとめて通過させることを上院の歳出員会が提案しており、下院（既に 10 本の歳出法を通過させている）の歳出委員会と調整に入っているが、どのような形式で妥結するかは未定である[49]。

---

45)　*Committee for a Responsible Federal Budget*, "Spending Package Could Add $500 Billion to Debt", December 16, 2019（http://www.crfb.org/blogs/spending-package-could-add-500-billion-debt）.

46)　中林・前掲注 37)。

47)　中林・前掲注 37)。

48)　*Federal News Network*, "Trump signs continuing resolution, averting government shutdown", September 30, 2020（https://federalnewsnetwork.com/government-shutdown/2020/09/senate-sends-shutdown-averting-continuing-resolution-to-trumps-desk/）.

49)　*Population Association of America*, "U.S. Senate Appropriations Committee Releases Fiscal Year 2021 Funding Recommendations and Praises Population Research", November 11, 2020. U.S. Senate Appropriations Committee Releases Fiscal Year 2021 Funding Recommendations and Praises Population Research（populationassociation.org）.

(2) 財政規律への国民の関心は低下傾向[50]

　財政規律については、議会がなかなか焦点を当てた議論をできないでいる中、国民の間でも関心が薄らぐ傾向があるようだ。2019年2月20日にピュー・リサーチ・センターが発表した調査（2019年1月9日から14日にアンケート実施）[51]によれば、財政赤字の問題が最重要政策課題であると回答した人は48％となり、2013年以降最低となったことが明らかにされている。

　かつては1994年に65％、1997年にも60％が財政赤字問題を最も重要であるとしていたが、その後の同時多発テロによって翌2002年の調査結果では、財政規律への関心は35％まで落ち込み、その後は50％台での推移であった。ただし、2013年には一時的に72％が財政赤字問題を最も重要な政策課題だとした時期もあった。これは2009年から2012年にかけて単年度で1兆ドルという財政赤字の大台に乗ったことが注目された頃であった。

　その後は、特に共和党支持者の間で財政赤字への警戒感が低下している。同党に限って言えば、2013年に82％あった財政規律への関心度は、2019年に54％まで低下した[52]。

　トランプ政権の2021年度予算の議会における審議は、2020年2月10日に送付された予算教書[53]の検討から始まっており、本稿執筆現在でも審議が継続している。トランプ政権は、社会保障費など義務的経費を0.3％削減する等によって、向こう5年間で年間1兆ドルの財政赤字を半減させると提案したが、国防費の5.7％増額やインフラ整備に1兆ドルを計上するなどした。しかも経済成長率を3％と設定する楽観的なシナリオが基礎となっており、その信ぴょう性に批判が集まった[54]。2020年は大統領の再選がかかる重要な選挙の年だっ

---

50)　中林美恵子「トランプ政権の2020会計年度予算要求」東京財団政策研究所WEB論考（2019年3月29日）。

51)　*Pew Research Center*, "Fewer Americans view deficit reduction as a top priority as the nation's red ink increases", February 20, 2019 (https://www.pewresearch.org/fact-tank/2019/02/20/fewer-americans-view-deficit-reduction-as-a-top-priority-as-the-nations-red-ink-increases/).

52)　*Pew Research Center*・前掲注51)。

53)　*Office of Management and Budget*, "A Budget for America's Future – President's Budget FY 2021", February 10, 2020 (https://www.whitehouse.gov/omb/budget/).

たこともあり、経済成長を 2％弱に見積もる議会予算局（CBO）とは乖離が顕
著で、10 年間の歳入は CBO の試算と比較すると 3 兆ドルの差が出た。共和党
には財政規律を主張する保守派も存在するため、経済成長率を高く見せること
で、選挙に向けた歳出増と財政規律の双方を満足させるための予算教書となっ
た可能性が高い。すでにこの時点で、トランプ政権は発足から 3 年間で、財政
赤字を政権発足当初の 6,000 億ドル台から 1 兆ドル超へと悪化させていた。

4　新型コロナウイルスと財政規律

(1)　パンデミック対策としての緊急財政支出

　財政規律が失われることへの警戒感は、新型コロナウイルスの拡大と経済危
機によって、さらに失われることになる。パンデミックが広がり大統領が緊急
事態宣言を発した 2020 年 3 月、米議会は超党派で立法に動き、6 日には経済
政策の第 1 弾としてワクチン開発用などに 83 億ドルの財政支出を決定した。
続いて 3 月 18 日には第 2 弾として失業給付拡充を中心にさらに 1,040 億ドル、
そして同月 27 日には第 3 弾として大型経済対策 2.2 兆ドル（4 月 24 日には追加
措置 4,800 億ドルが加算された）と、矢継ぎ早の法案成立を実現させた。政党間
の対立を超えたスピード協議が可能となったのは、2018 年超党派予算法が自
然災害等への対応を理由に成立した経緯と類似する。その結果、今回の支出総
額は約 2 兆 9,000 億ドルとなり、通常の年間歳出（4.4 兆ドル）の 6 割、GDP 比
にすると 14％の巨額の支出になった。
　トランプ大統領も独自案として、3 月 10 日に給与税の年内免除を中心とし
た大型減税案を議会に提案したが、議会審議には至っていない。給与税は、年
間の税収が 1 兆ドルを超えるものであり、米国の全ての歳入の 3 割超であるた
め、財政赤字へのインパクトも非常に大きく、巨額の財政出動となる。また、
下院民主党も独自の提案となる 3 兆ドルの追加対策法案を可決（208 対 199 票）

---

54)　Reuters, "Trump's $4.8 trillion budget gets chilly reception from Congress",
February 10, 2020（https://betajp.reuters.com/article/us-usa-trump-budget/trumps-
4-8-trillion-budget-gets-chilly-reception-from-congress-idUSKBN204174）.

させたが、上院で多数を占める共和党の理解を（2020年11月29日現在は）得られていない[55]。

　第4弾の経済救済策は行き詰ったまま、大統領選挙後にも共和党と民主党の隔たりが埋まることなく、感染の再拡大および救済資金の枯渇が心配される状況が続いた。7月末には週600ドルの失業給付加算給付金が期限切れを迎えたことから、大統領は8月に災害対策費[56]から週400ドルの加算給付金を捻出する大統領令[57]を発出したが、財源に限りがあるため、給付開始から数週間で枯渇の危機を迎えるとされた[58]。トランプ政権では、歳出膨張への懸念を示す声は特に大きくなっていないようだが、議会共和党の中には週600ドルの加算金は財政赤字の更なる拡大につながると危惧する声があり、上院ではこれを週200ドルに引き下げる新法案も提出された。しかし、600ドルを主張する民主党との折り合いはつかないままとなっている。また7月4日に、2.2兆ドル規模の経済対策に含まれていた中小企業[59]を対象とした6,600億ドルの給与補償対策の申請期限が8月8日まで延長できた[60]ものの、40万人の従業員がいる航空会社向け250億ドルの雇用維持対策は、9月末で期限切れとなった。

---

55)　*Bloomberg*, "House Passes $3 Trillion Stimulus with No Future in Senate", May 16, 2020（https://www.bloomberg.com/news/articles/2020-05-16/house-passes-3-trillion-democratic-stimulus-with-no-path-to-law）.

56)　大統領の非常事態宣言によって、米連邦緊急事態管理局（FEMA）が持つ災害予算を大統領権限で動かすもの。その際に使う災害救済基金は440億ドルの規模。歳出の決定権は憲法により連邦議会が握っているため、大統領令の法的根拠がないとして越権行為との批判がつきまとう。

57)　Presidential Memoranda, "Memorandum on Authorizing the Other Needs Assistance Program for Major Disaster Declarations Related to Coronavirus Disease 2019", August 8, 2020（https://www.whitehouse.gov/presidential-actions/memorandum-authorizing-needs-assistance-program-major-disaster-declarations-related-coronavirus-disease-2019/）.

58)　*Forbes*, "Trump Orders $400 Weekly Unemployment Benefits—Here's What That Means", August8, 2020（https://www.forbes.com/sites/jenniferbarrett/2020/08/08/trump-orders-400-weekly-unemployment-benefits-heres-what-that-means/?sh=7b0062ca3bb8）.

59)　従業員500人以下。

60)　*NPR*, "Trump Signs Small Business Loan Program Extension", July 4, 2020（https://www.npr.org/2020/07/04/887322386/trump-signs-small-business-loan-program-extension）.

　共和党議会指導部は、7月27日に1兆ドルの経済救済案を提示[61]したものの民主党と折り合えなかった。さらに、9月8日には暫定措置として5,000億ドルの緊急支援策を提示[62]したが、民主党の支持は得られず、同月10日に上院で審議に入ったもののフィリバスターを回避できずに、事実上否決、廃案になった。民主党下院の指導部は、9月30日に2.2兆ドル規模[63]の追加支援策を独自にまとめたが、上院共和党は財政規律の側面から大規模な財政出動に慎重であり、両者の合意は成立しなかった。

　大統領選挙を目前に控えた10月6日、トランプ氏はツイッターで、民主党の2.2兆ドル規模の提案は拒絶するとして「与野党協議を当面停止」すると発表した。しかし市場の動揺を懸念した大統領は、同日深夜のツイッターでは民主党との再協議を示唆するなど、混乱を繰り返した。結局トランプ政権は10月9日に民主党側に対し、1.6兆ドルから更に1.8兆ドルに増額した経済対策を提示し、トランプ大統領がナンシー・ペロシ下院議長と電話協議を行った[64]が、ペロシ下院議長からは「継続協議」との返答に止まった。両者はそのまま、11月3日の大統領選挙に突入することになった。

(2)　財政の悪化

　2020年4月時点で、米国の財政赤字は既に年4兆ドルと、前年の4倍に達した。GDP比でみれば第2次世界大戦時並みの水準に膨張しつつあると、CBOは分析[65]する。またCBOによる9月2日の財政見通し改定では、2020会

---

61)　*CNN*, "McConnell formally unveils $1 trillion Senate GOP stimulus proposal: 'The American people need more help'", July 28, 2020 (https://edition.cnn.com/2020/07/27/politics/senate-republican-stimulus-proposal/index.html).

62)　*The Washington Times*, "Senate Republicans propose $500 billion coronavirus relief bill", September 8, 2020 (https://www.washingtontimes.com/news/2020/sep/8/senate-republicans-propose-500-billion-coronavirus/).

63)　家計に大人1人当たり最大1,200ドルを支給する現金給付第2弾などを盛り込んだ。失業給付の積み増しや中小企業向けの雇用維持策、航空会社向けの給与補償策もそろって延長する。財政難の州・地方政府にも4,000億ドル強を資金支援。

64)　*AP*, "White House virus aid offer is panned by Pelosi, Senate GOP", October 10, 2020 (https://apnews.com/article/election-2020-virus-outbreak-donald-trump-elections-steven-mnuchin-fd39283d20318d8f7142a536b75d49bf).

【図表】財政赤字の推移（GDP 比）

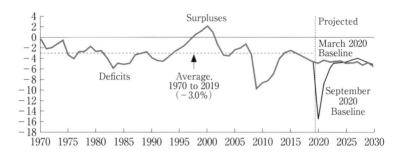

出所：Congressional Budget Office, "Monthly Review: Summary for Fiscal Year 2020." September, 2. 2020.

計年度の財政赤字は前年度と比較して 3 倍の 3.3 兆ドルになった。また 2020 年度の連邦政府債務（累積赤字）は GDP 比で 126％となり、金額も 26 兆ドルまで膨らみ、第 2 次世界大戦直後を超えて過去最悪と指摘された。利払い費は、この先 10 年間で倍増（6,640 億ドル）との予測だった[66]。

　2020 年 10 月 16 日発表の財務省による財政収支報告でも、2020 会計年度の 8 月までの 11 か月間の累積赤字は約 3 兆 73 億ドルで、前年同期に比較すると 2.8 倍の過去最悪であった[67]。また、同年度の財政赤字が過去最悪の 3.1 兆ドルに達したと発表した。これは GDP 比にすると 15％であり、単年度としては 2009 年度の金融危機当時の 9.8％を超えて、第 2 次世界大戦時の 20％に迫る。

65) *Congressional Budget Office*, "CBO's Current Economic Projections and a Preliminary Look at Federal Deficits and Debt for 2020 and 2021", April 27, 2020 (https://www.cbo.gov/publication/56344?utm_source=feedblitz&utm_medium=FeedBlitzEmail&utm_content=812526&utm_campaign=Express_2020-04-27_19:30:00&utm_medium=FeedBlitzEmail&utm_content=812526&utm_campaign=Express_2020-04-27_19:30:00).

66) *Congressional Budget Office*, "An Update to the Budget Outlook: 2020 to 2030", September 2, 2020 (https://www.cbo.gov/publication/56517).

67) *U.S. Department of the Treasury*, "Mnuchin And Vought Release Joint Statement On Budget Results For Fiscal Year 2020", October 16, 2020 (https://home.treasury.gov/news/press-releases/sm1155).

(3)　財政規律に関する対立の収斂と MMT

　新型コロナウイルスに対する経済救済策の必要性もあり、悪化の一途をたどる米国財政状況は、しばらくゼロ金利頼みの運営が続くことが予想される。金利が1％上昇すれば、利払いは今後2兆ドルに膨らむことも予想される[68]。中央銀行が金利を人為的に下げて公的債務の負担を減らす方法は、民間資金が非効率な政府部門に吸い上げられるうえに、無理な低金利政策による高インフレという問題を起こす可能性もある。

　そんな中、米国においても「財政赤字は問題ない」とする経済政策論が、ニューヨーク州立大学のステファニー・ケルトン教授らによって提唱されている。MMT[69]と称されるものだ。主流派の経済学者からは、リスクとしてのハイパーインフレを軽視したものだと批判を受けるが、民主党左派や若者の支持は増えている模様だ。特にケルトン教授は、民主社会主義者を自称するバーニー・サンダース上院議員のアドバイザーも務めている。同じく左派のアレクサンドリア・オカシオ＝コルテス下院議員も MMT を支持し、SNS などを通じて若者に広めていると指摘される。彼らにすれば、この MMT がベースなら、いくら財政赤字が積み上がったとしても、自身が推進する地球温暖化や国民皆保険制度への巨額投資が可能になる。財政赤字容認論は、特に左派にとって魅力的である側面があり、こうした理論に基づくポピュリズム的な財政支出拡大などにつながり易い。右派にとっても減税を推進する際に役立つかもしれない。MMT が、今後の米国政治の動向にどのような影響を及ぼすのかは未知数であるが、財政規律を議論する上で政治的な対立点になるのか、それとも財政規律を理由に対立してきた政治を収斂に向かわせることに資するのか、注視する必要がある。

　かつて財政規律は、株式市場や投資家、そして企業経営者からも重要な政策課題だと目されてきた。しかし昨今は、米国が巨額財政赤字を抱えているのに金利が安定しており、米財務省が実施する 10 年債入札も需要の強さを示す傾

---

68)　*Congressional Budget Office*・前掲注66)。
69)　現代貨幣理論（Modern Monetary Theory）。通貨発行の権限を持つ国であれば、債務返済に充てる貨幣を増刷し続けることができるため、財政赤字で国家は破綻しないと説く。中央銀行による長期金利操作で低金利を維持することも提唱している。

向が続いているため、財政への危機感を弱めることにつながっている。市場参加者の間で財政赤字が気にされなければ、政治や政策現場で財政規律を声高に叫ぶことが難しくなる。

こうした状況が長期にわたり継続するのであれば、財政規律における政治的分断は、収斂に向かうのかもしれない。しかし、パンデミックの現況は特殊であり、MMTが提唱するような財政状況も特殊であるという側面は否めない。どこまでが長期的なMMTで、どこまでが一過性のMMTらしく見える現象なのか、見極めていく必要がある。そのためには、財政規律の問題を最初に警告することになるであろう市場の役割が大きい。

おわりに

トランプ大統領は、統一政府を手に入れた政権前半も、分割政府を経験した後半も、財政規律においては非常に無頓着であったといえよう。共和党議会も本来であれば財政赤字の問題に執着したはずだったが、トランプ大統領との摩擦を避ける狙いは優先順位が高かった。さらに、2018年と2020年に選挙を控えた共和党議員たちは予備選を勝ち抜かねばならず、共和党支援者の支持率が高いトランプ大統領を批判できる環境にもなかった。それはトランプ政権下における共和党の財政規律に関する主張を弱めることにつながった。さらに新型コロナウイルスによるパンデミックの危機を経て、財政規律問題は政策課題としての注目度が弱まっていったと考えられる。

11月3日に行われた大統領選挙の結果では、トランプ氏の敗北宣言は（11月29日現在では）ないものの、ジョー・バイデン前副大統領の勝利が確実視されている。選挙戦では、バイデン氏もトランプ氏も候補者として巨額の追加財政出動を公約に掲げて、財政規律にはあまり注意を払わない姿勢で共通していた。超党派のNPO「責任ある連邦予算委員会（CRFB）」の試算[70]によれば、ト

---

70)　*Committee for a Responsible Federal Budget,* "The Cost of the Trump and Biden Campaign Plans", October 7, 2020（https://www.crfb.org/papers/cost-trump-and-biden-campaign-plans）.

ランプ大統領の選挙公約は、10 年で 4.95 兆ドルの財政赤字増加となり、バイデン前副大統領の選挙公約は、10 年で 5.6 兆ドルの財政赤字増加になるとされた。

　特に次期大統領が内定しているバイデン氏の公約は、格差是正を訴える民主党左派の要求を取り入れ、歳出の積み増しや医療保険に 10 年間で 2 兆ドル強の支出増、そしてインフラ投資などにも 4 兆 4,500 億ドルの支出増、さらに育児や教育にも 2.7 兆ドルを注ぎ込む[71] としている。社会保障給付の増額などを合計すると 10 年で 11 兆ドルもの歳出増という試算[72] もある。同時に増税案も 10 年で 4 兆ドルを超えるとされ、トランプ政権の減税が 1.5 兆ドルだったのに比べ、かなり大きな政府構想になる。

　少なくとも 2020 年大統領選挙において、財政規律は重要な政策課題になり得なかった。米国政治の中で長く続いた財政規律を巡る対立が収斂してきたというには早計だろうが、パンデミック拡大という緊急事態の影響や自然災害への対処、および国民や政治家の財政赤字に対する危機感の軽減などが要因となって、限定的な収斂が見られたともいえよう。

　ただし、収斂したかのように見える財政規律の対立だが、トランプ政権の退場と今後の財政赤字急拡大がさらに続けば、その収斂も短期的に終わる可能性がある。トランプ大統領という共和党としては特殊なリーダーがホワイトハウスを去った後、バイデン政権の政策実現プロセスが始まる。財政規律を軸にした政治的対立が、今後どのような展開を見せるのか、継続して注視する必要があるだろう。

---

71)　*Biden Campaign Website*, "Biden Plan to Invest in Middle Class Competitiveness", October 12, 2020 (https://joebiden.com/infrastructure-plan/#).

72)　*The Daily Caller News Foundation*, "'Absolutely Unsustainable': Joe Biden's Plans Would Increase Spending By \$11 Trillion Over 10 Years, Report Says", November 01, 2020 (https://dailycaller.com/2020/11/01/joe-biden-economic-proposals-increase-spending-11-trillion-10-years-increase-deficit-debt/).

第7章

ネオコン／レーガン派の居場所はあるか

高畑昭男

1　トランプ外交とネオコン

⑴　トランプ流への違和感

「米国第一主義」を掲げて戦った 2016 年の大統領選で、トランプ大統領は政権の外交・安保政策として「力による平和」(Peace through Strength) を標榜した[1]。共和党保守の伝統において、「力による平和」というスローガンが対ソ冷戦を勝利に導いた 1980 年代のレーガン政権の外交をほうふつとさせたのはいうまでもない。シリアや中国などに対するオバマ政権の対応を「軟弱外交」と批判したトランプ氏にとって、「力による平和」を軸に据えることでレーガン外交にあやかり、保守の共感を幅広く取り付ける狙いが込められていた。しかし、後述するように、党の保守本流からみると、その内容には少なからぬ違和感があったのも事実である。トランプ流の「力による平和」には、レーガン外交本来の思想と比べて根本的な違いがみられたからだ。

とりわけそうした違和感を覚えたのは、「ネオコン」と呼ばれ、90 年代以降もレーガン路線を継承してきた新保守主義者たち (neoconservatives) であった。

---

1) Donald J. Trump, Military Readiness Remarks at the Union League of Philadelphia, PA, September 07, 2016 (https://www.donaldjtrump.com/press-releases/donald-j.-trump-military-readiness-remarks).

彼らの多くはユダヤ系で、1970年代にはヘンリー・ジャクソン上院議員（Henry M. "Scoop" Jackson）を中心とする民主党タカ派に結集していた政策知識人集団である。その後、彼らは反戦・左傾化を強める党の思想的傾向やカーター政権の外交に対して、急速に失望を深めていった。他方で当時の共和党においては、ニクソン＝キッシンジャーの「デタント外交」（米ソ共存路線）を不満とする対ソ強硬論が高まりつつあった。こうした流れに乗って、新保守主義者たちは民主党に見切りをつけて、こぞって共和党に鞍替えし、レーガン政権の外交・安保政策を多くの面で支えることになったのである。

(2) ネオコンの「力と道義」

　レーガン流の「力による平和」の本質的な発想は、新保守主義者たちが主導した「力と道義」（strength and moral clarity）[2]の概念に象徴される。具体的には、▽アメリカの道義的な指導力と国際的な責任（世界秩序の維持と自由、民主主義、法の支配、人権などの米国的価値の促進と普及）を果たす▽国家の実益よりも理想・理念の実現を優先する▽そのためには武力行使も辞さない──などを柱としている。彼らの外交思想が「新保守主義」と呼ばれるようになったのは、単にリベラルな民主党から保守の共和党へ集団で移籍したからというだけでなく、共和党保守の対外関与姿勢に新たな思想の風を吹き込んだことも大きい。

　1980年代以前の共和党保守には、力に対する漠然とした信奉はあったものの、外交に関しては不介入主義や孤立主義に陥りがちで、国際的な広がりや対外関与についての一貫した理念を欠いていた。党内にはニクソン＝キッシンジャーのように、対外関与をいとわない現実主義も存在したが、他の保守にとっては米国の価値や伝統と両立し得ない全体主義ソ連との長期共存を強いられるような外交路線は、道徳的にも到底受け入れ難い道であった。

　そうした状況の中で、共産主義、全体主義に対する融和（appeasement）を

2）「力と道義」についての言及はWilliam Kristol、Robert Kaganらが設立したネオコン系シンクタンク「アメリカ新世紀プロジェクト」（The Project for the New American Century：PNAC）の原則宣言にうたわれている。同シンクタンクは1997年に設立、2006年に閉鎖された（http://web.archive.org/web/20070814183407/http://www.newamericancentury.org/statementofprinciples.htm）。

排し、価値や道義を重視する新保守主義者たちが党に参入してきた。彼らがもたらした思想と呼びかけは、伝統保守はもちろん、信仰の自由を尊重する宗教保守にとっても新鮮な響きがあり、レーガン外交の進展と共に、米国の価値を大義として積極的な対外関与へ向かわせる流れを形成していった。

　過去に「力による平和」のスローガンを掲げたのは、レーガン政権が初めてではない。しかし、これを外交・安保政策の基軸に据えて、冷戦終結と勝利を成功裡に導いたことによって、その名を世界に知らしめたのはレーガン大統領である。ソ連の拡張主義に正面から対決すべき米国の道義的根拠として自由、民主主義、人権などの伝統的価値を掲げ、その追求と実現を外交・安保政策の前面に押し出した。これらの大義を掲げることによって、レーガン政権は国民に「なぜ、米ソ共存やデタント（緊張緩和）に甘んじるべきではないのか」を道義的に説明し、同盟諸国と連携して対ソ反転攻勢に向かうことができたのである。

　新保守主義者たちが推進した「力と道義」論は、その道筋を理念的にわかりやすく説き明かす役割を果たしたといってよい。それは他の保守各派にとって「米国の力を行使する大義とは何なのか？」という長年の問いに答えを導き出し、「伝統的価値と道義に支えられた力」を基盤とする外交・安保理念を定着させていった。民主党のリベラル国際主義とも一線を画したこれらの柱は、冷戦終結後においても保守本流の外交・安保思想（**保守の国際主義**）と位置づけられてきた。

　ところが、ポピュリストのトランプ氏はそうした米国の価値や理念、大義について語ろうとしないばかりか、米国一国だけの狭隘な利益を追い求めて、国際社会に対する指導力や責任を放棄し、没道義的な「ディール」をめざす孤立主義的色彩が濃厚だった。オバマ政権下で削減された国防予算を大幅に増額し、「力」の再建をめざしたのは重要な功績といえたが、その一方で国際協調を無視し、同盟・パートナー諸国との協調もおざなりにするなど、政権発足当初のトランプ氏の「力による平和」は価値や道義の裏付けを欠いた「空念仏」としか聞こえなかったのである。

116

(3) 挫折と再出発

　もっとも、トランプ政権の誕生以前に、新保守主義の側も大きな変革と自省を強いられてきたことを忘れてはならない。その契機は、アフガニスタン戦争とイラク戦争であった。ジョージ・W・ブッシュ政権に参画した新保守主義者の多くは「レジームチェンジ論」（他国の政権を力で交代させる）を掲げて武力介入を主導し、戦争遂行を積極的に後押しした。だが、彼らの期待に反して戦争は長期化し、米兵の犠牲や財政コストが膨れ上がる中で、米国の経済・社会はリーマンショックに見舞われた（2008年）。この米国発の金融破綻は世界を揺るがす一大金融危機に発展し、米国の国際的信用を失墜させただけでなく、今日に続く中国の政治・経済的台頭をも大きく助ける結果となってしまった。しかも、米国金融が破綻した遠因は、直接戦費に間接的な経済・財政的影響も含めると「3兆ドル」ともいわれるイラク戦争の巨大なコストにあったとされている。この経過を通じて新保守主義者らは世論の支持を喪失し、政界における深刻な地盤沈下と挫折にさいなまれた。そして、新保守主義に同調してきたフランシス・フクヤマらの知識人が「ネオコン絶縁宣言」を行って去った[3]のをはじめ、彼らの思想自体の正当性が問われるほどの厳しい現実に直面した。

　2012年の大統領選でオバマ氏が再選を果たし、ミット・ロムニー共和党候補が大差で敗れた後、彼らは「レジームチェンジ論」や「価値の普及」といった従来の主張を改めて、より現実的な路線に修正した。その上で、保守本流外交の再構築と大同団結をめざして、①現実主義者（リアリスト）、②保守強硬派、③新保守主義——の3派を糾合するネットワーク組織を作り、互いに連携しあうことによって、外交・安保に関する党の主流を再構築していった。こうして2013年に立ち上げられたのが、「ジョン・ヘイ・イニシアチブ（JHI）」という非営利の外交政策ワークショップ[4]である。

　おりしも2013年9月、オバマ大統領がシリア問題にからんで「世界の警察官」

3）　フクヤマは2004年、ウィリアム・クリストルらの新保守主義者たちが「現実主義に目をふさぎ、うぬぼれや傲慢に陥ってイラク戦争の失敗を招いた」と批判して、絶縁を宣言した。Francis Fukuyama, "The neoconservative moment", *The National Interest*, Summer, 2004（https://nationalinterest.org/article/the-neoconservative-moment-811）.

役を放棄する演説[5]を行って以降、国際社会ではロシアによるウクライナ・ク
リミア半島の武力併合（2014 年 3 月）、イスラム過激派「イスラム国」による建
国宣言（同 6 月）、中国の強引な海洋進出と東シナ海・南シナ海への防空識別
圏（ADIZ）設定（2013 年 11 月）など、国際秩序が急速に乱れ始めた。共和党
では、「弱いアメリカ」を招いたオバマ外交への批判が高まり、JHI には次期
大統領選（2016 年）に向けて約 250 人もの政策知識人層が幅広く結集した。一
時はトランプ候補とランド・ポール候補を除いた党の大統領選立候補者のほぼ
全陣営に外交・安保政策に関する顧問や助言者を送り込むほどの勢いをみせた。

　だが、いざ 2016 年の予備選が終わると、想定外のアウトサイダーであった
トランプ氏が党の正式大統領候補に選ばれてしまったため、新保守主義者らの
多くが公開書簡など[6]を通じて「トランプ不支持」を唱える一幕もあった（一
部はヒラリー・クリントン民主党候補を公然と支持した）。この背景には、トラン
プ氏が内政・外交のほとんどの政策で「反オバマ」を掲げながら、「世界の警
察官」役の放棄という一点でオバマ路線に同調したことへの反発も大きかった。

　これに対し、トランプ氏の側も選挙戦を通じて「イラク戦争は壮大な間違い
で、私は一貫して反対してきた」などと語り、戦争を推進したジョージ・W・
ブッシュ大統領と新保守主義者らに対する厳しい批判を隠さなかった[7]。この
ように、大統領選挙戦から政権初期にかけては、新保守主義者らとトランプ氏

---

4)　John Hay Initiative を立ち上げる軸となったのは、ジョージ・W・ブッシュ政権
　　に加わっていた Brian Hook（元国務次官補）、Eric Edelman（元チェイニー副大統領
　　補佐官）、Eliot Cohen（元国務長官顧問）の新保守主義者 3 人である。JHI は現存し
　　ないが、MilitaristMonitor に詳細が紹介されている（https://militarist-monitor.org/
　　profile/john_hay_initiative/）。

5)　Remarks by The President in Address to the Nation on Syria, The White House,
　　September 10, 2013（http://www.whitehouse.gov/the-press-office/2013/09/10/
　　remarks-president-address-nation-syria).

6)　Open Letter on Trump from GOP National Security Leaders, WOTR Staff, *War
　　on the Rocks*, Mar. 2, 2016. この書簡に署名した人々は「ネバー・トランプ」派とも呼
　　ばれた（https://warontherocks.com/2016/03/open-letter-on-donald-trump-from-gop-
　　national-security-leaders/）。

7)　トランプ氏は当初、イラク戦争を支持したが、後に反対に転じた。Jacob Heilbrunn,
　　"The Neocons vs. Donald Trump", Opinion, *NYT*, March 10, 2016（https://www.
　　nytimes.com/2016/03/13/opinion/sunday/the-neocons-vs-donald-trump.html).

の関係は良好どころか、互いに排斥しあうような状況が続いた。

2　トランプ外交の変容と「道義的現実主義」

⑴　変容の始まり

　トランプ外交は発足と同時に、環太平洋経済連携協定（TPP）離脱、イラン核合意（JCPOA）離脱、地球温暖化防止のパリ協定離脱などの「離脱オンパレード」となった。また、北大西洋条約機構（NATO）や先進国首脳会議（G7）などの場でも同盟軽視・国際協調無視の姿勢をむき出しにして国際社会を深く失望させ、同盟・パートナー諸国の信頼を揺るがせたのは記憶に新しい。

　しかし、政権発足直後にロシア疑惑をめぐって更迭されたマイケル・フリン国家安全保障担当補佐官に代わって、ハーバート・マクマスター陸軍中将が後任に指名（2017年2月）され、さらにその半年後の8月には、「米国第一主義」の旗頭で、ポピュリスト外交の思想的推進役でもあったスティーブン・バノン大統領上級顧問・首席戦略官がホワイトハウスを去ったことを機に、トランプ外交に大きな変化が生まれた。

　マクマスターはイラクの従軍経験に加えて、博士号（軍事史）も持つ文武両道の将軍として信頼され、『タイム』誌の「最も影響力ある人物」（2014年）に選ばれたこともある。新保守主義者ではないが、保守本流の現実主義者として党内外の支持も厚く、同じ軍人出身のジェームズ・マティス国防長官らの期待を受けての就任であった（トランプ大統領はマクマスターに説得されて、バノン上級顧問を外交・安保チームから除外する決断を下したという）。

　米国の国際的信頼の失墜を挽回するために、マクマスター補佐官らが当初からトランプ外交を保守本流の国際主義路線に引き戻すための方向転換を企図していたことは、その後の展開で明らかとなる。2017年12月、マクマスターを軸に再編された国家安全保障会議（NSC）の下で、**「新時代の新たな国家安全保障戦略」**と銘打った「米国の国家安全保障戦略2017年版」（National Security Strategy of the United States of America：NSS2017）が策定され、翌2018年1月にはマティス長官の下で「国家防衛戦略2018年版」（2018 National Defense Strategy：NDS2018）が策定された[8]。

　これら2つの戦略文書には、トランプ氏の抵抗や妨害を避けつつ、新たな外交・安保理念や国際的に果たすべき責任を世界に示し、グローバルな指導力の回復をめざす内容が盛り込まれた。先にも触れたように、トランプ氏はこれまで何度も「力による平和」を言いながら、国際社会を指導し、平和と繁栄の秩序を守るための指導原理はおろか、そのための大義や価値についてほとんど語ってこなかった。しかし、NSS2017において、トランプ大統領は「近年の世界は危険と脅威に満ちている」とし、▽既存の国際秩序の改変をたくらむ中国やロシア▽核・ミサイル開発を進める北朝鮮やイランの独裁政権▽イスラム過激派テロ——を具体的に明示した上で、米国が国際社会と共にこれらの脅威に正面から取り組み、「諸国が主権と独立を確保し、それぞれの文化や夢を追求し、繁栄と自由と平和を高めていく世界」（大統領による序文）を理想に掲げた。そして、その実現のために、「米国と同盟・パートナー諸国に有利な力の均衡を達成する。諸国を奮起させ、共に高めていくわれわれの価値とその力を見失うことはない」（同）とし、自由、民主主義、人権といった米国の価値とそれらが他国に与える影響力を改めて強調した。

　さらに、トランプ政権はNSS2017に盛り込まれたこれらの理念と原則を「**道義的現実主義**」（principled realism）[9]と命名し、価値や道義を踏まえた国際秩序の堅持を外交・安保戦略の最大の目標に掲げたのである。

(2)　道義的現実主義へシフト

　オバマ政権の国家安全保障戦略には以前から「地政学的視点が欠落している」との批判が寄せられていたが、これに比べて、NSS2017は地政学的な視点に

---

8)　National Security Strategy of the United States of America の本文は https://www.whitehouse.gov/wp-content/uploads/2017/12/NSS-Final-12-18-2017-0905-2.pdf を参照。また、2018 National Defense Strategy は https://www.defense.gov/Portals/1/Documents/pubs/2018-National-Defense-Strategy-Summary.pdf を参照。

9)　「道義的現実主義」とNSS2017の詳細な解説（邦訳）は、以下の在日米大使館ウェブサイト「新時代の新たな国家安全保障戦略」に詳述されている（https://jp.usembassy.gov/ja/new-national-security-strategy-new-era-ja/）。▽「国家安全保障戦略ファクトシート」https://jp.usembassy.gov/ja/national-security-strategy-factsheet-ja/

立って、21世紀の秩序や覇権をめぐる中露との大国間競争を最優先課題に据えている。こうした道義的現実主義の採用によって、トランプ外交は限定的ながらも、レーガン流の「力と道義」に基づく「保守の国際主義」に大きく接近し、新保守主義者も含めた保守本流との親和性を高める成果があったといえる。トランプ氏自身は依然として「米国第一主義」や「ディール外交」へのこだわりを捨てておらず、どこまで新たな戦略の意義を理解しているかは必ずしも定かでなかったが、少なくとも政権全体の外交を価値と理念による国際関与の方向へ引き戻したことは事実である。

　2018年1月30日、トランプ大統領が上下両院合同会議で行った初の一般教書演説[10]でも、こうしたシフトがより具体的に示された。大統領は北朝鮮の核・ミサイル開発を国際社会全体の脅威と強調し、中国を「長期・戦略的な競争相手」と名指しして対抗していく姿勢も明確にした。第2次世界大戦後に米国が築いてきた国際社会の平和と繁栄の秩序を堅持し、挑戦者には立ち向かい、そうした目的のために「強い米国」の力を再建する。政権当初にバノンらが訴えた孤立・不介入路線とは対照的な積極的関与の姿勢であった。また、そうした側面を支えるために、新保守主義者を含む政策知識人たちの政権参画も徐々に始まった。

3　ネオコン／レーガン派の居場所

(1) トランプ思想の源流

　トランプ氏は共和党以外に民主党や第三政党にも籍を置いたことがあり、自らの都合に合わせて所属を変えてきた。生粋の共和党保守とはいえず、過去に外交・安保観についての思想を語ったこともほとんどなかった。

　そうした意味で、トランプ氏は共和党保守とはもともと異質の存在である。米国の現状に根強い不満を持つ大衆層の人気をあおるポピュリズムを駆使し、「グ

---

10)　Remarks by President Trump in State of the Union Address, January 30, 2018
　　(https://www.whitehouse.gov/briefings-statements/remarks-president-trump-state-
　　union-address/).

ローバリズムよりも米国第一」といった孤立主義的感情に訴えて、大統領の座
を手にした。「米国第一主義」の基本は、自らが 2017 年 1 月の就任演説で力説
したように、「今日この日から米国第一だけとなる。アメリカ・ファーストだ。
貿易、税、移民、外交に関するあらゆる決定は米国労働者とその家庭に恩恵を
もたらすために下される」[11]という部分に明確に示されていた。

　国際機関などを一切信用せず、国際協調や対外貢献を嫌い、外交、経済、通
商などのあらゆる側面で「米国民の実利と恩恵」を唯一至上の判断基準とする
思想は、普遍的価値と理念の国際関与路線を掲げる保守本流の思想的ベクトル
とは正反対である。こうした思想は、もちろんトランプ氏が初めてではない。
共和党保守の外交・安保思想の類型において、「**旧世代保守**」(paleo-conservative)
または「**超保守主義**」と呼ばれる孤立主義の考え方と共通点が多い。この旧世
代保守は第 2 次世界大戦まで保守の主流を占めていた思想で、「参戦反対、対
外非介入」を唱え続けた「アメリカ・ファースト委員会」(America First
Committee)に象徴される。トランプ氏の主張はこれとほぼ同一線上にあり、21
世紀のアメリカを 1930 年代に先祖返りさせるような内容であった。

　また、共和党には旧世代保守とは別に、「**経済保守**」(リバタリアン)と呼ば
れる経済孤立主義の思想もある。リバタリアンは、徹底した「小さな政府」を
求める経済合理主義を基盤とし、米国の実益にそぐわない対外関与や国際貢献
を排除する。当然ながら、安全保障においても、「世界の警察官」といった役
割に極めて懐疑的で、他国の安全に責任を負わされる同盟関係も忌避する思想
である。前節で触れたランド・ポール候補は、リバタリアンの典型といえるが、
トランプ氏にも一定のリバタリアン的気質がうかがえる。多国間の環太平洋経
済連携協定(TPP)を離脱し、カナダ、メキシコと結成した北米自由貿易協定
(NAFTA、1994 年)の再交渉を命じた大統領令に署名するなど、多国間よりも
有利な 2 国間合意をめざしてきた。ただし、リバタリアンには自由貿易や米国
の繁栄に有益な移民を積極的に受け入れるという特徴があり、この点では、中
南米やイスラム系移民に極めて差別的なトランプ氏にはあてはまらない。

---

11)　The Iaugural Address by President Donald J. Trump, Jan. 20, 2017, Washington,
　　 D.C.(https://www.whitehouse.gov/inaugural-address).

(2)　「ハミルトン主義＋ジェファーソン主義」の混交

　一方、2001年に米政治学者ウォルター・ラッセル・ミード（Walter Russell Mead）が発表した米国の外交・安保思想の4つの類型[12]に基づいて検討すると、トランプ氏の「米国第一主義」は、米国の経済利益の最大化を追求する「ハミルトン主義」（Hamiltonian）の特徴を含んでいることがわかる。ミードは、保守、リベラルを通じて建国以来の米指導者が展開した外交・安保政策とその思想を分析した結果、以下の4つの類型を抽出して、それぞれに指導者の名を冠した。

①　「**ハミルトン主義**」（Hamiltonian）⇒富裕層に多く、米国の繁栄とビジネス権益拡大のための国際経済秩序の構築をめざす。中国など潜在的ライバルを取り込み、武力行使は控えめで、勢力均衡による安定を志向する。

②　「**ウィルソン主義**」（Wilsonian）⇒国際秩序の構築は同じだが、軸は自由、人権、法治主義などの価値に基づく。保守（右派）とリベラル（左派）の2つの流れがある。

③　「**ジェファーソン主義**」（Jeffersonian）⇒直接攻撃を受けた自衛のための戦争を除いて、武力行使や対外介入を忌避。米国内の自由と自主独立の防衛を最優先し、現実的で最もコストの低い外交を志向する。

④　「**ジャクソン主義**」（Jacksonian）⇒国際秩序構築には関心がなく、米国の安全、名誉、地位の防衛を至上の課題とし、これらが脅かされた際には総力で反撃する。反知性主義的、ポピュリスト的な思想でもある。

　上記のように、「ハミルトン主義」は、米国に有利な条件の下にグローバルな経済体制の構築をめざす。産業革命を通じて世界経済を支配した大英帝国にならって、米国中心の経済秩序を築き、繁栄とビジネス権益の拡大を最大の国益とする思想である。安全保障面では、伝統的な勢力均衡を通じて、持続的で安定した国際関係を志向するなどの点で、トランプ氏の「ディール外交」に通じているといえよう。

---

12)　Walter Russell Mead, *Special Providence: American Foreign Policy and How It Changed The World* (New York: Alfred Knopf, December, 2001), pp.86-131.

その一方で、トランプ氏は「われわれのやり方を他者に押しつけるのでなく、むしろ皆がついてくる模範となるよう努める」（就任演説）とも述べている。この部分には、米国の価値や方法、手段を他国に押しつけず、米国内の自由や民主主義の充実に多大な関心を払うべきである——とする「ジェファーソン主義」に通じる要素も指摘できる。

　対外関与に前向きなハミルトン主義に比べて、ジェファーソン主義は極力低コストの外交を志向する点で対外関与に消極的だ。米国が直接脅威にさらされた際の自衛戦争を除いては、対外介入や武力行使を嫌うだけでなく、不要な紛争に米国が巻き込まれないように、同盟関係にも距離を置く傾向が強いのが特徴である。これらの点を合わせると、トランプ外交だけでなく、オバマ氏の外交にも共通する要素があるようにみえる。ハミルトン主義とジェファーソン主義がないまぜにミックスされた外交思想としてとらえると、オバマ外交とトランプ外交はむしろ似通っており、両者の共通点である「世界の警察官の放棄」にもつながっている（トランプ氏には、加えてジャクソン主義的な特徴も指摘できる）。また、トランプ氏の言動が時によって強硬になったり、穏健になったりするようにみえるために「予測不能」「気まぐれ」などと批判されるが、その背景にはこうしたミックス的思考の存在があるとも考えられよう。

(3)　ネオコンの居場所と「ウィルソン主義」

　これに対して、ミードの類型でいえば、新保守主義はまぎれもなく右派（保守）の「ウィルソン主義」である。トランプ氏の思想をハミルトン主義とみるか、ジェファーソン主義とみるかにかかわらず、ウィルソン主義との違いは対照的だ。両者の親和性が当初から低かったのは当然だったかもしれない。

　にもかかわらず、超大国の最高指導者として国際社会における米国の地位と威信を維持したいと願い、中国やロシアなどとの大国間競争を意識するならば、外交・安保政策に「保守の国際主義」の要素を取り入れざるを得ない。世界の指導国としてふるまうには、それにふさわしいモラル（道義）と、秩序の擁護者としての対外行動が求められるからだ。「偉大なアメリカの再生」を訴えるトランプ氏ならなおさらであった。偏狭なポピュリズムと孤立主義でスタートしたトランプ氏の外交が変容していった経過にもそれがうかがえる。マクマス

124

ターらのリアリストたちにも、「道義と力」の思想が少なからぬ影響と示唆を
与えていたのではないだろうか。

　その一例といえるのは、「道義的現実主義」の基盤となった国家安全保障戦
略（NSS2017）の起草責任者を務めたナディア・シャドロウ（Nadia Schadlow）
前国家安全保障担当副補佐官である。彼女は大学でソ連・東欧研究を修めた後、
ジョージ・W・ブッシュ政権の国防政策委員などを経て新保守主義系シンクタ
ンクで活動するかたわら、JHIを立ち上げた新保守主義者のエリオット・コー
エンの指導下で学び、ソ連研究の博士号を取得した。2017年3月、マクマス
ターの引き合いでNSCの戦略問題担当スタッフに加わり、約9か月かけて
NSS2017を書き上げたという。

　新保守主義者コーエンと現実主義者マクマスターの2人から薫陶を受けたシ
ャドロウは、現代の保守の外交思想を以下の3つに分類した上で、自らの思想
については③の「**保守現実主義**」と位置づけている[13]。

①　共和党エスタブリッシュメント内の「**保守国際主義**」（新保守主義者らを
　　含む）
②　「**保守不介入主義**」（強力な国防を支持するが、対外介入は極力避ける）
③　「**保守現実主義**」（地政学的な大国間競争を受けて立つが、米国の力の限界を
　　認識した上で、同盟諸国に相互主義に基づく負担の分担を求める）

　シャドロウは、米国の価値や道義を他国に押しつける新保守主義を「非現実
的」と否定するものの、その一方で、「価値や道義の推進が繁栄と平和につな
がるという認識は共有する」と認めている。そして、「米国の力には限界がある」
という21世紀の現実、「力の行使にはコストが伴う」という現実をそれぞれ認
識した上で、同盟・パートナー諸国に応分の負担と犠牲を求める相互主義に基
づいて米国の新たな対外関与のあり方を提起している。また、中国やロシアと

---

13)　Nadia Schadlow, "The Conservative Realism of the Trump Administration's Foreign Policy", *Texas National Security Review, Hudson Institute*, Nov. 30, 2018 (https://www.hudson.org/research/14738-the-conservative-realism-of-the-trump-administration-s-foreign-policy).

争う大国間競争に勝利するには、国際機関や国際組織に頼ろうとせずに、各国が明確な主権と意志を持って連携することが大切だと語っている。

　一方、「保守不介入主義」は同盟関係について米国を不要な争いに巻き込みかねないだけでなく、費用の負担も好ましくないとする。シャドロウの「保守現実主義」は、かつての新保守主義のような過剰な介入は拒否する一方、米国の模範的指導力と影響力の意義を認める点で、「力と道義」の基本思想を共有しているといってよい。

(4)　ボルトン解任とネオコン人脈

　2019 年 9 月、トランプ大統領はマクマスターに代わって政権入りしたジョン・ボルトン国家安全保障担当補佐官を解任した。ジョージ・W・ブッシュ政権の国務次官や国連大使を歴任したボルトンが同補佐官に任命されたのは 2018 年 3 月のことだった。大統領はこの直前にも、レックス・ティラーソン国務長官を解任し、後任に保守強硬派のマイク・ポンペオ中央情報局（CIA）長官を指名している。「ボルトン＝ポンペオ」コンビの起用によって、北朝鮮やイランなどを念頭に外交をタカ派路線にシフトするイメージを演出する狙いが濃厚であった。「筋金入りの新保守主義者」と称されたボルトンは、トランプ政権発足時に「反トランプ」を表明した「ネバー・トランプ」派ではなく、早くから政権入りを期待された数少ない新保守主義者の 1 人だった。

　就任後のボルトンは、北朝鮮の非核化に「リビア・モデル」（カダフィ政権が米英の要求に応じて国際監視下で完全な非核化を履行した）の適用を強く主張し、ハノイで開かれた 2 度目の米朝首脳会談（2019 年 2 月）では、金正恩労働党委員長との安易な妥協をはねつけるよう大統領に迫るなど独特の存在感を発揮した。この非核化問題に加えて、米国とタリバン政権の和平協議（同年 8 月）のあり方や、ホルムズ海峡でイランが米軍無人機を撃墜した事件（同年 6 月）に対する報復攻撃計画をめぐって大統領と激しい対立を重ねたことが報じられており、こうした折り合いの悪さが解任につながったとされている[14]。

　解任後のボルトンは、回顧録[15]の出版を通じてトランプ大統領の気まぐれや知的理解度の低さ、再選目当ての言動といった内幕を暴露した上に、「トランプ再選支持せず」の姿勢を明確にして内外に波紋を広げた。この解任劇をめぐ

って、新保守主義とトランプ大統領との関係の「決定的断絶」などと受け止める米メディアもあった。だが、ボルトンは妥協に応じない強烈な個性で以前から知られており、大統領との対立も政策面だけでなく、むしろ両者の性格的な不一致による部分が大きいとみる声もある。ボルトン以後も、新保守主義との決定的断絶といった現象や人事は起きていないからだ。

たとえば、JHIを立ち上げた新保守主義者の1人であるブライアン・フック（Brian Hook）は、ジョージ・W・ブッシュ政権の国務次官補を務め、2012年大統領選ではロムニー共和党候補の外交顧問を務めた。この人脈を通じて、ロムニーの推薦を受けてティラーソン国務長官の下で外交政策を統括する政策企画局長に抜擢された。フックは心情的に「ネバー・トランプ」派に近いとみられたが、就任後は同じユダヤ系でトランプ氏の女婿であるジャレッド・クシュナー大統領上級顧問に接近し、関係を深めていった。クシュナー家は、第2次世界大戦後に米国に移住したポーランド系ユダヤ人家庭であり、ユダヤ系が多い新保守主義者たちとの相性も悪くない。クシュナーはそうした点を生かして、新保守主義人脈と政権をつなぐ役割も果たしたといえる。

2018年春にティラーソンが解任された後、フックは中東和平に取り組むクシュナーを補佐して国務省のイラン問題担当特別代表に転任し、ポンペオ長官の下でイランに対する「最大限の圧力」政策の強化などに努めた（2020年8月退任）。大統領の取り巻きの中で「反ネオコン」や「不介入主義」で知られるFoxニュース・ホストのタッカー・カールソンは、ボルトン解任後もしばしばフックの追放を画策したが、フックはその度にクシュナーに擁護されたという[16]。

また、同じ新保守主義者で、レーガン政権以来のベテラン外交官、エリオッ

14）　Edward Luce, "John Bolton's firing ends Donald Trump's hawkish phase", *Financial Times*, September 11, 2019（https://www.ft.com/content/09430634-d3f1-11e9-8367-807ebd53ab77）.

15）　John Bolton, *The Room Where It Happened：A White House Memoir*, Simon & Schuster, June, 2020. 邦訳は『それが起きた部屋：ホワイトハウス回顧録』。

16）　Eliana Johnson, "Trump's allies are warning him against this would-be Bolton successor", *Politico*, Sept.16, 2019（https://www.politico.com/story/2019/09/16/brian-hook-never-trump-ties-national-security-adviser-1498461）.

ト・エイブラムズも 2017 年 2 月、ティラーソン国務長官から国務副長官ポストを提示された。この時はバノン上級顧問の妨害で就任を拒否されたが、その後、中南米情勢に詳しい経歴を買われて 2019 年 1 月、ポンペオ長官からベネズエラ問題担当特別代表に任命された。フック退任後は後任のイラン特別代表を任された。いずれもボルトン解任後のことである。

　政権 1 期目の過半を国務長官として務めたポンペオは新保守主義者ではないが、彼らを要所に配置して活用した。中東問題の枠組みをパレスチナ和平からイラン対策に大転換し、2020 年にはイスラエルとアラブ首長国連邦（UAE）、バーレーンなどの親米アラブ諸国との国交正常化を実現させることによって、「イスラエル＋親米アラブ」によるイラン包囲網構築に動いたことも注目に値する。

おわりに——融通性と「思想の力」

　トランプ政権誕生にあたって、JHI などに結集した新保守主義者たちは、「反トランプ」を掲げる「ネバー・トランプ」派と、中立または沈黙した人々に分かれた。一見、ばらばらに離散してしまったようにも映るが、彼らの一部はバイデン民主党政権になっても進んで外交政策面で支援する構えをとり、実際にそうした動きをとり始めている。彼らの古巣である民主党には、新保守主義と思想的に肌合いが近い「リベラル・ホーク」（liberal hawks）と呼ばれるタカ派が少数ながらも健在であり、今後は彼らと新保守主義者らの動向が注目されよう。たとえば、新政権の国務長官に就任したアントニー・ブリンケン元国務副長官（Antony Blinken）は、そうした 1 人である。ブリンケンは 20 年余にわたってバイデン氏の外交顧問を務めてきた腹心だ。ユダヤ系で思想的にもリベラル・ホークに近く、「ネバー・トランプ」派に属する新保守主義の政策知識人らと密接な交流関係がある。裏返していえば、民主、共和いずれの政権でも外交・安保政策に関与できる融通無碍な人間関係の広がりを持っているのが新保守主義人脈の特徴であり、新保守主義者が「もぐり商人」（interloper）と俗称されるのは、こうした特性を指している。

　大統領自身の信条やタッカー・カールソンらの「保守不介入」主義者の存在を考えると、トランプ政権における新保守主義者の居場所は極めて狭かった。

だが、国際社会で尊敬される「偉大なアメリカ」を掲げるなら、新保守主義的思想と人材は欠かせない。かつて彼らは、予防的先制攻撃論やレジームチェンジ、単独行動主義などの極端な路線を掲げた時期もあったが、現在は現実的かつ漸進的な対応を加味して、より広く受け入れられやすくなったといえる。

　新保守主義の歴史や動向に詳しい米ジャーナリスト兼思想家のジェイコブ・ハイルブラン（Jacob Heilbrunn）は、米国の老舗オピニオン誌『ニュー・リパブリック』への寄稿[17]の中で、不介入主義や孤立主義がいかに新保守主義を排除しようとしても、「一見、風変わりにみえる政策にも知的な風格を与えて、人々の心に浸透させる『思想の力』で新保守主義にまさるものはない」と指摘している。この指摘が正しいとすれば、彼らの思想はバイデン政権においても、米国の外交・安保政策にとって重要かつ欠かせない影響をもたらし続けるだろう。

17)　Jacob Heilbrunn. "The Neocons Strike Back", *The New Republic*, January 23, 2020（https://newrepublic.com/article/156266/neocons-strike-back）.

第**8**章

トランプ政権下の米中関係

── ワシントンにおける政策的収斂と太平洋を挟んだイデオロギー的分極化

村上政俊

1 概 観

　トランプ大統領は 2016 年大統領選中から対中貿易不均衡を問題視していたが、発動された貿易戦争は技術移転強制、知的財産権侵害[1]等も含み、派手な応酬もあって一見したところでは「分極化」した米中関係の焦点となった。だが本稿で述べるように問題はもっと根深いところにある。

　2017 年 12 月には国家安全保障戦略 (NSS)[2]が、翌年には国家防衛戦略 (NDS) と核態勢の見直し (NPR) が立て続けに公表された。大統領の気紛れにも映る発言とは裏腹に、官僚機構からは上位から順に文書が発出され[3]、政権の外交安全保障戦略が初めて体系的に示された。

　1)　詳細は、ホワイトハウス通商製造政策局による "How China's Economic Aggression Threatens the Technologies and Intellectual Property of the United States and the World", White House Office of Trade and Manufacturing Policy (OTMP), June 19, 2018 (https://www.whitehouse.gov/wp-content/uploads/2018/06/FINAL-China-Technology-Report-6.18.18-PDF.pdf?fbclid=IwAR2vfnzyPLf-zPErnL4UEbSYHIEn8ZjFaF9ws96FD0D1tpMc9MiIwTaamxA) を参照。
　2)　https://www.whitehouse.gov/wp-content/uploads/2017/12/NSS-Final-12-18-2017-0905.pdf
　3)　オバマ政権では QDR (2010 年 2 月)、NPR (2010 年 4 月) が NSS (2010 年 5 月) よりも先に公表されている。

　中国はロシアとともに修正主義勢力（revisionist power）と位置付けられ、大国間競争（great power competition）が中心に据えられた。軸足を中東そしてテロとの闘いから中露との競争に移そうという試みで、これまでの対中関与政策は影を潜めた。ハドソン研究所でのペンス副大統領による中国演説（2017年10月）は、ワシントンで高まりをみせていた厳しい対中観が、政権首脳から直截に示されたことに意義があった。そして中国との競争への備えが最優先との認識が当たり前のように語られることとなった[4]。

　中国との戦略的競争で採られたのが全政府的アプローチ（whole-of-government approach）[5]で、外交国防当局のみならず、財務省、司法省、商務省等の各省庁が実効的な措置を次々に打ち出したことがトランプ政権期の特徴といえよう[6]。官僚機構においては対中政策の収斂が顕著だ。

　対中強硬で積極的に動いたのが連邦議会だった。香港、台湾、ウイグル、チベット等の中国側が神経を尖らせる分野（北京は一方的に核心的利益と呼称）で、民主主義や人権といった観点から、次々と法律が成立した。中間選挙（2018年11月）で民主党が下院で多数派となって以降も、各法が上下両院でほぼ反対なく超党派の支持を得て成立したことからは、立法部におけるこの分野での政策的収斂が強く読み取れる。

　中国に厳しい規定は、国防授権法（NDAA）[7]やアジア再保証推進法（ARIA）

4)　Mark Esper, "The Pentagon Is Prepared for China", *The Wall Street Journal*, August 24, 2020（https://www.wsj.com/articles/the-pentagon-is-prepared-for-china-11598308940）.

5)　NSS 2017 下での同アプローチについての政府文書として "United States Strategic Approach to the People's Republic of China", White House, May 20, 2020（https://www.whitehouse.gov/wp-content/uploads/2020/05/U.S.-Strategic-Approach-to-The-Peoples-Republic-of-China-Report-5.24v1.pdf）; Robert Sutter, "Washington's 'Whole-of-government' Pushback Against Chinese Challenges-Implications and Outlook", Pacific Forum, April 23, 2019（https://pacforum.org/publication/pacnet-26-washingtons-whole-of-government-pushback-against-chinese-challenges-implications-and-outlook）.

6)　久保文明は同アプローチの前例として、レーガン政権の対ソ政策を挙げる。久保文明「トランプ大統領の予測不可能性とトランプ政権の対中政策」『トランプ政権の対外政策と日米関係』（国際問題研究所、2019年）（http://www2.jiia.or.jp/pdf/research/H30_US/11_summary-kubo.pdf）。

にも盛られた。これら法的根拠により具体策を打ち出したのが官僚機構だった。厳しい対中認識はトランプ政権下で突然現れたものではない。南シナ海やサイバー攻撃への懸念からオバマ政権 2 期目の頃、あるいはブッシュ・ジュニア政権期から[8]既に表れていた。

　だが中国がライバルとして現実に立ち現れると、覇権喪失への危機感が広がり、激しい対立が生じている。国防総省が米国 293 隻に対し中国は 350 隻で世界最大の海軍を保有する[9]としたことは、一例に過ぎない。米中関係の触媒となっていた米経済界も、長年の技術移転強制等に不満を募らせ、これまでのようには役割を果たしていない。覇権維持のため技術を巡る競争も激化し、対立の主戦場となっている。

　2020 年の特徴は、イデオロギー対立の要素が加わり、体制間競争の様相さえ呈し始めたことだろう。NSS 2017 においてイデオロギーによる戦略に否定的だったのとは趣が異なる。発端は新型コロナウイルスだった。WSJ 紙が中国の初期対応を批判するオピニオン[10]を掲載すると、中国側は米主要紙記者を国外に追った。米国では発生源調査の声が上がり、トランプは中国ウイルスと呼称した。

　夏にはオブライエン大統領補佐官、レイ FBI 長官、バー司法長官、ポンペオ国務長官と閣僚級高官が立て続けに中国演説を行った[11]。中でもあえてニクソン大統領図書館を選んで実施された[12]ポンペオ演説は、国家主席ではなく総

---

7)　国防予算を増額した NDAA 2019 にはマケイン上院議員の名が冠せられている。

8)　Nina Silove, "The Pivot before the Pivot", *International Security*, Vol. 40, No. 4 (Spring 2016), pp.45-88 (https://openresearch-repository.anu.edu.au/bitstream/1885/152707/2/01_Silove_The_Pivot_before_the_Pivot_US_2016.pdf).

9)　Department of Defense, "Military And Security Developments Involving The People's Republic Of China, 2020", September 9, 2020 (https://media.defense.gov/2020/Sep/01/2002488689/-1/-1/1/2020-DOD-CHINA-MILITARY-POWER-REPORT-FINAL.PDF).

10)　Walter Russell Mead, "China Is the Real Sick Man of Asia", *The Wall Street Journal*, February 3, 2020 (https://www.wsj.com/articles/china-is-the-real-sick-man-of-asia-11580773677).

11)　これらを含むトランプ政権の中国演説集として Robert C. O'Brien (ed), "Trump on China: Putting America First", November, 2020 (https://www.whitehouse.gov/wp-content/uploads/2020/11/Trump-on-China-Putting-America-First.pdf).

書記という中国共産党における肩書を用い[13]、全体主義イデオロギーの信奉者
だと習近平を批判した。またポンペオは、新華社通信や環球時報に加え孔子学
院を党の宣伝組織とみて外交使節に指定した。標的が共産党であることが鮮明
となる中で大統領選に至った。選挙後には共産党員とその家族への商用・観光
ビザが、最長 10 年マルチ可から 1 か月 1 次限りに厳格化された。

2 対立の焦点

(1) 貿易戦争

2017 年には米中首脳が相互に相手国を訪問した。トランプ別荘での会談では、
経済だけでなく外交安保の閣僚協議の立ち上げが決められ、後述するトランプ
の台湾発言などからすれば、比較的スムーズな滑り出しとなった。お膳立ては
クシュナー上級顧問と崔天凱駐米大使によりなされた[14]。11 月にはトランプが
故宮の貸し切りなど国賓以上ともいわれる待遇で訪中し、2,500 億ドルの商談
がまとめられたが、数字には交渉中のものも紛れ込んでいた[15]。

一方でロス長官率いる商務省には鉄鋼輸入について、通商代表部（USTR）
には技術移転強制や知的財産権侵害について調査が命じられた。大統領権限が
活用され[16]、前者は通商拡大法 232 条に、後者は通商法 301 条に基づく。安保
への影響という観点に加え、長く眠っていた条文が持ち出され[17]、貿易戦争に

---

12) 国務省当局者による。

13) 同様の意見は議会の米中経済安全保障再検討委員会（USCC）からも上がっている。
"2019 Report to Congress of the U.S.-China Economic and Security Review
Commission", November 2019（https://www.uscc.gov/sites/default/files/2019-11/
2019%20Annual%20Report%20to%20Congress.pdf, pp32）.

14) Bob Davis and Lingling Wei, *Superpower showdown*, Harper Business, 2020,
pp.171.

15) Eva Dou, Yoko Kubota and Trefor Moss, "Something Old, Something New: $250
Billion in U.S.-China Deals Don't Add Up", *The Wall Street Journal*, November 9,
2017（https://www.wsj.com/articles/trumped-up-the-250-billion-in-u-s-china-trade-
deals-may-not-tally-1510227753）.

16) 村上政俊「大統領権限と制裁——対東アジア（中国、北朝鮮）を中心に」東京財
団政策研究所監修＝久保文明・阿川尚之・梅川健編『アメリカ大統領の権限とその限
界』（日本評論社、2018 年）155-156 頁。

向けた道具立てが着実に進められた。

　鉄鋼25％、アルミニウム10％の制裁関税が実現した2018年3月に政権内部の力学も変化する[18]。ティラーソン国務長官に加え鉄鋼関税反対のコーン国家経済会議（NEC）委員長も政権を去り、公表されたUSTR報告書は中国製造2025を激しく批判した。同年7月に第1弾（340億ドル規模）、8月に第2弾（同160億）、9月に第3弾（同2,000億）の対中関税が発動された。12月のブエノスアイレスでの首脳会談では追加発動が延期され、協議再開となった。この会談では、米国が問題視するオピオイド系鎮痛薬フェンタニルも取り上げられた。

　2019年に入り、全人代では李克強首相による中国製造2025への言及回避や外商投資法成立といった対米配慮ともとれる動きがあったが、5月に交渉は決裂した。G20大阪サミットでの首脳会談を機に交渉は再び動き出した。

　そして生まれたのが第1段階合意だ。2年間で2,000億ドルの輸入増という市場原理を超えて交わされた約束には、大豆といった米国農産品も含まれ、トランプは大統領選に向けて中西部農業州へのアピール材料を手にしたといえよう。金融市場の開放は米国の金融業界の期待に沿ったものだった。だがスモール・ディール[19]として妥結したことで、産業補助金等の構造問題は第2段階に先送りされた。

　2020年1月の合意署名直前に、米国は中国への為替操作国認定を解除する一方で、日米欧貿易相会合では焦点の産業補助金についての共同声明が発出された。劉鶴副首相が訪米しての署名以降は、既述のように米中関係全体がコロナによりさらに悪化した。にもかかわらず電話閣僚協議が5月、8月と開催されて、合意の履行状況が点検された。

　背景には中国が約束を反故にしてきたという過去の教訓に加えて、トランプ

---

17)　通商拡大法232条による調査は、WTO発足（1995年）以降では、クリントン政権下での原油（1999年）、ブッシュ・ジュニア政権下での鉄鉱石（2001年）の2例のみである。

18)　佐橋亮「トランプ政権内部から読み解く米中貿易戦争」中央公論2020年10月号110-119頁。

19)　佐橋亮「アメリカと中国(7) スモール・ディールに終わった貿易協議後の米中関係」東京財団政策研究所WEB論考（2019年12月17日）（https://www.tkfd.or.jp/research/detail.php?id=3299）。

が合意を必要としていたことがあろう[20]。ナヴァロ大統領補佐官が合意終了に言及しても、トランプはすぐさまそれを打ち消している。トランプの関心は、経済界が求める第2段階の交渉開始よりも、第1段階の合意履行に向かっていたといえよう。ポンペオと楊潔篪党政治局委員とのホノルル会談でも農産品輸入拡大が取り上げられたという。

もう1つの力学は閣僚レベルから働く。後述のように米台関係は急速に深化しているが、ライトハイザーUSTR代表は北京を怒らせかねない米台FTAに消極的な一方で、第1段階合意の擁護に動いているのだ[21]。体制転換ではなく貿易赤字削減が自分の目標だと述べており[22]、安保重視派との距離を窺わせる。クドローNEC委員長も合意に肯定的だ。対立激化の他分野と異なり、通商フロントでは独自の力学が働いて[23]合意のモメンタムが維持されているといえよう。

なお貿易戦争は米国政治の文脈からも興味深い材料を提供している。ワシントンでの政治的分極化の進展にもかかわらず、シューマー上院議員[24]といった民主党の一部からもトランプの関税政策が支持されたことは、本稿で度々指摘する対中政策における政策的収斂の一典型といえよう[25]。

⑵ 技術争覇

スプートニク・ショック（1957年）の再来かという見方があるように[26]、技

20) David Lawder, "'Lemon' or not, Trump stuck with Phase 1 China trade deal for now", *Reuters*, June 1, 2020 (https://www.reuters.com/article/us-usa-trade-china-analysis/lemon-or-not-trump-stuck-with-phase-1-china-trade-deal-for-now-idUSKBN 238219).
21) Ana Swanson, "Top China Critic Becomes Its Defender", *The New York Times*, October 10, 2020 (https://www.nytimes.com/2020/10/06/business/economy/china-robert-lighthizer.html?searchResultPosition=7).
22) Davis and Wei, *supra* note 14, pp.398.
23) 佐橋・前掲注18) 119頁。
24) Luis Sanchez, "Schumer praises Trump for China tariffs", *The Hill*, June 17, 2018 (https://thehill.com/policy/international/392636-schumer-on-china-tariffs-china-needs-us-more-than-we-need-them).
25) 久保文明「総論 トランプ政権3年間の軌跡──イデオロギー的分極化と収れん」『トランプ政権の対外政策と日米関係』（日本国際問題研究所、2020年）(https://www2.jiia.or.jp/pdf/research/R01_US/11_summary-kubo.pdf)。

術面での中国肉薄が強く懸念されている。背景には技術優位が揺らげば軍事優位にも影響するという考えがあり、民間技術を軍事に取り込む軍民融合[27]や国家情報法制定への警戒がある。米国では国防総省の国防革新ユニット（DIU）がシリコンバレーとの連携を探る。

とりわけ華為技術を巡り派手な応酬が繰り広げられた。NDAA 2019 第889条で名指しされ、イラン制裁を巡って孟晩舟 CFO がカナダで逮捕され、米司法省が起訴した。商務省産業安全保障局（BIS）により華為は、安保上の懸念がある企業が掲載されるエンティティ・リスト（EL）に載せられた（2019 年 5 月）。規制は米技術を用いた外国製品だけでなく第三者からの調達へと強化され、華為による国外からの半導体調達の道は閉ざされた。連邦通信委員会（FCC）は華為と中興通訊（ZTE）を安保上の脅威に指定し、国務省は華為従業員のビザ制限を打ち出した。英国など同盟国の 5G からの華為排除でも成果が上がる。

対立の背景には、ムニューシン財務長官が述べたように華為が貿易交渉におけるチェスの駒ではなく安保問題だという認識[28]があったといえよう。一方で王岐山国家副主席は米経済人に、貿易は安保、地政学、文化問題をも含む米中対立の一部でしかないと述べたという[29]。米中関係の「分極化」にもかかわらず、両国の政権首脳の間では貿易が対立の中核ではないという認識の一定の「収斂」があったといえよう。ただし大統領は、大阪会談後に華為への輸出規制緩和を示唆し米中は戦略的パートナーになれるとするなど、華為を貿易交渉における

26) Robert A. Manning, "The U.S. Finally Has a Sputnik Moment With China", *Foreign Policy*, October 29, 2020 (https://foreignpolicy.com/2020/10/29/us-china-sputnik-moment-technology-competition-semiconductors/).

27) Audrey Fritz, "China's Evolving Conception of Civil-Military Collaboration", Center for Strategic and International Studies, August 2, 2019 (https://www.csis.org/blogs/trustee-china-hand/chinas-evolving-conception-civil-military-collaboration); Kate O'Keeffe and Jeremy Page, "China Taps Its Private Sector to Boost Its Military, Raising Alarms", *The Wall Street Journal*, September 25, 2019 (https://www.wsj.com/articles/china-taps-its-private-sector-to-boost-its-military-raising-alarms-11569403806).

28) Mario Parker, "Huawei 'Not a Chess Piece' in China Trade Deal, Mnuchin Says", *Bloomberg*, January 15, 2020 (https://www.bloomberg.com/news/articles/2020-01-15/mnuchin-doesn-t-see-huawei-as-a-chess-piece-in-u-s-china-deal).

29) Davis and Wei, *supra* note 14, pp.282-283.

取引材料にしようとした。

ZTE については商務省 BIS が、イランと北朝鮮への輸出規制違反に関連し
て米国製品輸出を 7 年間禁じる措置を発動し、同社は経営危機に陥った。だが
ここでもトランプは習との関係を重視し、罰金 10 億ドルの支払いや経営陣刷
新と引換に制裁が解除された。議会では安保上の懸念から解除反対の声が上が
り、NDAA 2019 では ZTE も名指しされた。

NDAA 2019 で他に槍玉に挙がったのが監視カメラメーカー海康威視（ハイ
クビジョン）で、国防総省、共通役務庁（GSA）、航空宇宙局（NASA）は、政
府調達から排除した。国内の米軍基地での使用も明らかになっていた[30]。監視
カメラについては後述する少数民族への人権侵害での濫用だけでなく、デジタ
ル権威主義の中国国外への広がりという点でも懸念がある[31]。NDAA 2020 で
は中国製ドローンの調達禁止が盛られ、ドローン世界最大手 DJI は EL に掲載
された。

NDAA 2019 の一環として外国投資リスク審査現代化法（FIRRMA）が成立し、
対米外国投資委員会（CFIUS）の権限が強化された[32]。アリババ傘下アントに
よる米送金サービス・マネーグラムの買収は CFIUS の承認が得られず破談と
なった。トランプは安保上の懸念から、Tiktok と WeChat をそれぞれ運営す
る ByteDance と Tencent との取引を禁じる行政命令を発し、CFIUS は
TikTok の米国事業売却についてリスク審査をしている。

CFIUS の勧告に従いトランプは、中国政府関係の投資ファンドによる米ラ
ティス・セミコンダクターの買収、星ブロードコムによる米クアルコムの買収
を安保上の懸念から阻止した。クアルコムは 5G 標準特許数が世界 3 位で[33]、

30)　Camilla Hodgson, "China-made surveillance cameras continue to watch over US military bases", *Financial Times*, July 18, 2019（https://www.ft.com/content/8612e4c8-87bf-11e9-97ea-05ac2431f453）.

31)　Alina Polyakova and Chris Meserole, "Exporting digital authoritarianism", The Brookings Institution, August 2019（https://www.brookings.edu/wp-content/uploads/2019/08/FP_20190826_digital_authoritarianism_polyakova_meserole.pdf）.

32)　詳細は、森聡「米国における CFIUS の強化──技術覇権をめぐる米中の争い」NPI クオータリー 9 巻 4 号（2018 年）8-9 頁。

33)　https://www.cybersoken.com/file/5G-SEP-JP.pdf

背景には 5G 標準化で中国に主導権を握られることへの警戒[34]があっただろう。北京は中国標準 2035 を策定中という。米国は 6G も見据えて、国防高等研究計画局（DARPA）は共同研究に着手している。

　買収阻止の対象はいずれも半導体企業だった。北京は産業のコメといわれる半導体の国産化を急ぎ、中国製造 2025 で自給率 40％（2020 年）という目標を掲げた。実際には 15.7％（2019 年）にとどまっている[35]が、ファウンドリー大手 SMIC は EL に掲載された。議会では半導体産業への補助金が検討されるほどに危機感が高まっている。

　一方でファウンドリー世界最大手 TSMC は、米国の規制により華為向け輸出は事実上不可能になったが、アリゾナ州で新工場を計画し、米国の補助金獲得も見通す。創業者の張忠謀（Morris Chang）は訪台中のクラック国務次官と蔡英文台湾総統との夕食会に同席し、5G も見据えつつ米国と TSMC との関係強化が図られている。

　米国は第三国からの技術流出にも神経を尖らせ、半導体製造に必須の露光技術でトップクラスの ASML を巡り、蘭首相に機密文書を開示しながら中国への輸出阻止に向け要請したという[36]。

　NDAA 2019 の一環としては輸出管理改革法（ECRA）も成立した。新興技術と基盤技術が規制対象となり、これまでのモノに技術が加わった。大学や研究機関からの技術流出にも懸念が寄せられ、司法省は中国イニシアチブを立ち上げ、産業スパイに加え研究機関の非伝統的な情報収集者（non-traditional collectors）に目を光らせる。NSS 2017 では STEM[37]分野の留学生が取り上げ

---

34)　Elsa B. Kania, "Securing Our 5G Future", Center for a New American Society, November 7, 2019（https://www.cnas.org/publications/reports/securing-our-5g-future）.

35)　"China to Fall Far Short of its "Made-in-China 2025" Goal for IC Devices", IC Insights, May 21, 2020（https://www.icinsights.com/data/articles/documents/1261.pdf）.

36)　Alexandra Alper, Toby Sterling and Stephen Nellis, "Trump administration pressed Dutch hard to cancel China chip-equipment sale : sources", *Reuters*, January 6, 2020（https://www.reuters.com/article/us-asml-holding-usa-china-insight/trump-administration-pressed-dutch-hard-to-cancel-china-chip-equipment-sale-sources-idUSKBN1Z50HN）.

138

られ、国務省はロボット工学、航空工学等専攻の中国人大学院生へのビザの有効期限を1年に短縮し、中国軍と関係するという1,000人以上のビザを取り消した。

　司法省はリーバー・ハーバード大学教授を逮捕した。国防総省や国立衛生研究所（NIH）から資金を受けながら、中国の千人計画への参加につき虚偽の説明をしていたという。エネルギー省は外国政府の人材獲得プログラムへの職員の参加を禁止したが、同計画が念頭にあろう。NIHは外国政府からの資金支援について報告を求めた。

　商務省BISは中国の研究機関もELに掲載した。ハルビン工業大学やハルビン工程大学など軍に近いとされる国防七子すべてが対象だ。七子の1つ西北工業大学も米検察に起訴された。司法省はコロナ研究データや軍事機密を窃取したとして、情報機関の国家安全部に関連する者を逮捕した。スパイ拠点とされたヒューストン総領事館は閉鎖に追い込まれ、成都総領事館も閉鎖が命じられた。レイFBI長官によれば、中国関連の捜査は2,000件が進行中という。商務省BISは軍事エンドユーザーリストを新設し、航空宇宙関連等が指定された。さらに共産中国の軍事企業を国防総省が指定し、指定先への新規投資を禁じる大統領令が発出され、小米等が対象となった。

　新興技術を巡っての中国との競争も激化している。極超音速兵器について、中国は閲兵式で搭載可能なDF-17を公開し、米国はミサイル防衛見直し（MDR）で経空脅威に警戒を示している。人工知能や量子情報については両国拮抗という[38]。またサイバー軍が統合軍に格上げされ、第6の軍種として宇宙軍が創設された。

---

37) 科学（science）、技術（technology）、工学（engineering）、数学（math）。
38) "2017 Report to Congress of the U.S.-China Economic and Security Review Commission", November 2017, pp.532 （https://www.uscc.gov/annual-report/2017-annual-report-congress）.

3　民主主義、人権、インド太平洋

⑴　台湾[39]

　トランプは当選直後の2016年12月、蔡英文からの電話に応じ祝意を受けたが、これは米台断交（1979年）後では初だった。2017年2月、トランプは習近平との初電話会談で、習の要請を受け「1つの中国」政策の維持を表明した[40]が、米中対立激化を背景とし米台関係は格段に深化している。

　台湾を巡っては議会の動きが活発である。台湾旅行法（2018年3月）では米台両政府の全てのランクの職員の相互訪問が奨励されている。TAIPEI法も成立し、パンデミック下でWHOからの台湾排除が問題となる中で、国際機関参画への支援が盛られた。大統領選後には台湾保証法も成立した。

　2018年のペンス中国演説では台湾の民主主義が称賛され、国防総省のインド太平洋戦略報告書に引用された。なお同文書が「1つの中国」政策に触れず、台湾を国（country）として言及したのは異例のことだった。民主的選挙により再選した蔡英文の就任式にはポンペオに加え、ポッティンジャー大統領次席補佐官[41]が米高官としては異例の中国語による祝意を寄せた。中国大陸との対比そして香港での自由の衰退もあり、米国は台湾の民主主義をさらにプレイアップしていくだろう。

　米国から台湾にはアザー厚生長官が派遣され、李登輝元総統を弔問し、米国として約6年ぶりの閣僚訪台となった。既述のクラック次官訪問も続いた。反発した中国はH-6爆撃機がグアムのアンダーセン空軍基地と思しき標的を攻撃する動画を公開した。外交官や軍人による台湾側との接触制限について、北京への配慮として内規が設けられていたが、ポンペオ離任直前に撤廃された。

---

39)　筆者は台湾外交部の招聘（Taiwan Fellowship）で台湾大学国家発展研究所にて訪問学者（visiting scholar）として在外研究を2020年1〜4月まで実施したので、本項はその成果を踏まえながら進めたい。

40)　この電話会談での遣り取り及び実現に至る経緯についてはDavis and Wei, *supra* note 14, pp.169-171.

41)　この直前にも五・四運動をテーマに中国語でのビデオメッセージを公表した。同補佐官の姿勢変化からの米中関係の解析として佐橋亮「不信深めるアメリカの対中姿勢」外交62号（2020年）102頁。

　一方で蔡英文は NY 訪問中に台湾国交国の国連大使と会合を開き、コロンビア大学で講演したが、これは翌年に迫っていた総統選に向けて米国が事実上の蔡支持を打ち出したといえよう。NSC 秘書長が訪米してボルトン大統領補佐官と会談したが、これは断交後初で、頼清徳次期副総統も訪米してメネンデス上院議員（民）らと会談した。台湾旅行法に沿うように活発な要人往来が展開された。

　米国による台湾へのコミットメントの中核は武器売却で、台湾関係法（1979年）[42]に基づき実施される。トランプ政権下での売却は 11 回に上り、1 期 4 年でオバマ政権を回数と総額の双方で上回った。

　内容面でも充実した。M1A2 戦車は米陸軍でも現役だ。F16C/D 戦闘機 66機の売却が決まったが、戦闘機の売却決定はブッシュ・シニア政権以来 27 年ぶりであった[43]。ブッシュ・ジュニア政権は台湾への戦闘機売却に後ろ向きであった[44]ことから、トランプ政権は過去の共和党政権と比較しても積極的といえる。大統領選直前には中国大陸を攻撃可能[45]なロケットランチャー HIMARSや日本の海上保安庁も導入を計画する無人機 MQ-9B の売却が駆け込み的に決定された。米海兵隊が高雄で台湾側と共同訓練し、インド太平洋軍司令部で情報部門トップを務める海軍少将が訪台するなど、より直接的な米台軍事協力も明らかになっている。

　台湾と中国大陸とを隔てる台湾海峡を巡っても、情勢は緊迫化している。米艦船の海峡航行は従来からあったが、2018 年からは公然化し、19 年は 10 回、20 年は 9 月下旬までで 11 回となっている[46]。米沿岸警備隊（USCG）や豪仏加英の海軍も航行している。海軍トップは空母の台湾海峡航行も排除されないと

42）　制定の経緯は、佐橋亮『共存の模索』（勁草書房、2015 年）199-201 頁。

43）　当時の経緯は、ジェームズ・マン（鈴木主税訳）『米中奔流』（共同通信社、1999 年）第 14 章「大統領選挙と兵器輸出」を参照。

44）　Shirley A. Kan, "Taiwan: Major U.S. Arms Sales Since 1990", Congressional Research Service, August 29, 2014, pp.20-24（https://fas.org/sgp/crs/weapons/RL30957.pdf）.

45）　門間理良「経済面での紐帯強化を模索する台湾」東亜 641 号（2020 年）41 頁。

46）　Congressional Research Service, "Taiwan: Select Political and Security Issues", September 25, 2020（https://fas.org/sgp/crs/row/IF10275.pdf）.

いう考えを示したが、1996 年の台湾海峡危機に際してクリントン政権は、空母インディペンデンスとニミッツを派遣している。

　事実上の停戦ラインとして機能してきた台湾海峡の中間線を巡っても攻防が激化し、中国軍機は台湾側への侵入を繰り返している。外交部は中間線の存在を否定し[47]、近時の軍の動きと歩調を合わせ、一方的な現状変更を加速している。米側からは MC-130J 特殊作戦機が海峡上空を飛行したが、これは台湾有事への米国介入の可能性を示しているとの分析がある[48]。同時に B-52 戦略爆撃機が台湾東部空域を飛行した。また在日米軍嘉手納飛行場を発った米海軍 C-40A 輸送機が、台湾領空を飛行したのは異例だった。

　近年の中国は台湾への圧力を急速に高め、パンデミックを奇貨としてその傾向をさらに加速させており[49]、ワシントンではこれまで維持してきた戦略的曖昧さ（strategic ambiguity）を捨てよという論考[50]が出されると、それを巡って賛否両論が提示[51]されるなど議論が活発化している。そもそも北京による台湾併合と台北による台湾独立の双方を抑え込もうというのがこの考えの趣旨だが、前者のリスクが高まりを見せる中で見直しの機運が生まれているといえよう。

　レーガン大統領による 6 つの保証を巡っても動きが活発だ。1982 年米中共同コミュニケ[52]には武器売却の漸減が盛られたが、レーガンの意向もあり武器売却に終了期日を設けないという 6 つの保証が蒋経国総統に伝達された[53]。ト

---

47)　中国外交部 "2020 年 9 月 21 日外交部発言人汪文斌主持例行記者会"、2020 年 9 月（https://www.fmprc.gov.cn/web/fyrbt_673021/jzhsl_673025/t1816686.shtml）。

48)　ボニー・グレイザー「台湾への関与強める米国の戦略」外交 57 号（2019 年）21 頁。

49)　Jack Detsch, "China Uses Pandemic to Boost Military Pressure on Taiwan", *Foreign Policy*, May 12, 2020（https://foreignpolicy.com/2020/05/12/china-coronavirus-military-pressure-taiwan/）.

50)　Richard Haass and David Sacks, "American Support for Taiwan Must Be Unambiguous", *Foreign Affairs*, September 2, 2020（https://www.foreignaffairs.com/articles/united-states/american-support-taiwan-must-be-unambiguous）.

51)　Bonnie S. Glaser; Michael J. Mazarr; Michael J. Glennon; Richard Haass and David Sacks, "Dire Straits: Should American Support for Taiwan Be Ambiguous?", *Foreign Affairs*, September 24, 2020（https://www.foreignaffairs.com/articles/united-states/2020-09-24/dire-straits）.

52)　https://www.cia.gov/library/readingroom/docs/CIA-RDP83B00551R000200010003-4.pdf

ランプ政権下では ARIA で 6 つの保証が確認され、ボルトンは政権を離れる直前に機密指定を解除しており、台湾へのコミットメントの明確化が図られているといえよう。

　米側が障害とみていた米国産牛豚肉の輸入について台湾側が全面解禁を発表したことは、米台 FTA に有利に働くであろう。大統領選後には、クラック次官らにより米台経済対話が開催された。

⑵　香　港

　香港を巡っても議会の動きは活発だ。香港人権民主主義法は香港における基本的自由や自治の侵害を理由とした制裁を規定した。反発した中国は、全米民主主義基金（NED）、その下部組織である国際共和研究所（IRI、共和党系）、全米民主研究所（NDI、民主党系）等に制裁を科すとした。ただしトランプは署名時声明において佳境に入っていた貿易交渉への配慮を見せた。香港自治法も成立し金融機関への二次制裁が可能となった。

　英中共同声明に基づく香港返還（1997 年）を見据えて、米国は香港政策法（1992年）を成立させ、米国と香港との関係の大枠が形作られた。同法は経済や通商で香港を中国大陸とは別個の地域として取り扱うとするが、その条件は香港での高度の自治の担保だ。

　転機は全人大において国家安全法の制定方針が採択されたことだった（2020年 5 月）。ポンペオは同法案を death knell（死を告げる鐘）と呼び、トランプは一国二制度が一国一制度に置き換えられたと批判し、優遇措置の停止プロセスを開始すると表明した。7 月、トランプは上記 3 法に基づき行政命令第 13936号を発し、香港にもはや十分な自治はないと認定した。財務省は同令を根拠に、香港政府トップ林鄭月娥（Carrie Lam）行政長官ら 11 人に制裁を発動し、米国内の資産凍結等が実施された。他方でトランプは、スパイサー元ホワイトハウス報道官のインタビューに答え、習本人を制裁対象とする考えはないと述べた。

---

53)　詳しくは、ジェームズ・R・リリー（西倉一喜訳）『チャイナハンズ——元駐中米国大使の回想 1916-1991』（草思社、2006 年）237-239 頁。

　制裁発動直後に、香港紙蘋果日報（Apple Daily）創業者の黎智英や周庭が逮捕された。国務省は香港との犯罪人引渡条約の停止を声明し、国土安全保障省傘下の米税関・国境取締局（CBP）は、これまでの香港産ではなく中国産表示を義務付けた。米国は国安法についてG7と、立法会選挙延期についてファイブアイズと外相声明を発出して懸念を示した。だが北京は米国の移行期の混乱を突くかのように、香港立法会の民主派の議員資格を剥奪した。米国は全人代副委員長14人に制裁を発動して対抗し、この中には党トップ25の1人である王晨も含まれたが、委員長で党序列3位の栗戦書の名前はなかった。

　米国は民主派との連携も図っている。ペロシ下院議長（民）は訪米した香港衆志メンバー羅冠聡、黄之鋒らと記者会見した。黄は中国問題に関する連邦議会・行政府委員会（CECC）で証言している。国安法施行直後の下院外交委員会公聴会で羅がオンラインで証言した。ポンペオも訪英中に羅と会見した。

(3)　ウイグル、チベット、宗教

　ムスリムであるウイグル系やカザフ系少数民族100万人以上が、再教育や職業訓練に名を借りて強制収容されているとの懸念が強まり、高級紙の報道も相次いで[54]、議会ではウイグル人権法が成立した。財務省外国資産管理局（OFAC）は陳全国新疆ウイグル自治区党委書記に制裁を発動し、米国内資産が凍結された。これはマグニツキー法に基づく行政命令第13818号による。陳は党トップ25の一角で対中制裁の対象としては過去最高ランクとなった。準軍事組織の新疆生産建設兵団（XPCC）にも制裁が発動され、対中圧力が格段に高まった[55]。中国はルビオ上院議員（共）、クルーズ上院議員（共）、ブラウンバック大使（信教の自由担当）らに制裁を科すとした。ここに民主党議員が含まれな

---

54)　Chris Buckley, "Anti-Islam Detention Camps in China", *The New York Times*, September 9, 2018 (https://www.nytimes.com/images/2018/09/09/nytfrontpage/scan.pdf; Fred Hiatt), "In China, every day is Kristallnacht", *The Washington Post*, November 3, 2019 (https://www.washingtonpost.com/opinions/2019/11/03/china-every-day-is-kristallnacht/?arc404=true).

55)　Steve Holland, Daphne Psaledakis, "U.S. imposes sanctions on Chinese company over abuse of Uighurs", *Reuters*, July 31, 2020 (https://in.reuters.com/article/us-usa-china-trump-idINKCN24W29O).

かったのは、議会での政策的収斂を分断しようとの狙いがあったかたかもしれ
ない。

　そのほかのトランプ政権が行った政策として、ウイグル独立を目指す東トル
キスタン・イスラム運動（ETIM）へのテロ組織指定が解除された。クリント
ン政権は北京による摘発を人権弾圧と批判したが、ブッシュ・ジュニア政権は
テロとの闘いでの米中協力を進める中で指定した[56]。この解除により戦略重心
の対テロ戦から大国間競争へのシフトが改めて鮮明となった。またペロシはウ
イグル系弁護士 Nury Turkel を国際宗教自由委員会委員に任命したが、同氏
は Time 誌 100 人 2020 に選ばれている。

　商務省 BIS によるウイグルを理由とした EL への掲載には、既述の監視カメ
ラ大手やゲノム解析大手の華大基因（BGI）の子会社などが含まれた。米国の
照準はサプライチェーンにも及ぶ。国務省、財務省、商務省、国土安全保障省
が共同声明で、新疆での強制労働を使用している産業として農業、電子部品等
17 を挙げた。ポンペオは企業に対して法的リスク等を認識すべきだと警告した。
CBP は新疆で生産された綿花及びトマトの輸入を差し止めた。ポンペオは離
任直前にウイグルへの弾圧をジェノサイド及び人道への罪と認定し、ブリンケ
ン国務長官も同様の立場を示した。

　一方でトランプは、貿易交渉を重視してウイグルを理由とした制裁を見送っ
ていたと語った[57]。トランプは否定したが、大阪会談で習に収容施設建設を容
認する発言をしていたという[58]。

　チベットで動きをみせたのも議会で、チベット相互アクセス法が成立した。
ルビオ、マクガバン下院議員（民）ら超党派の提出による。国務省でも動きが
あり、米国人のチベット訪問妨害に関わった中国当局者に対して相互アクセス
法に基づきビザ制限が課され、チベット政策法（2001 年）に基づくチベット問
題特別調整官も指名された。ホワイトハウスにはチベット亡命政府首相が初め

56）　秋田浩之『暗流』（日本経済新聞出版社、2008 年）128-130 頁。
57）　Jonathan Swan, "Exclusive: Trump held off on Xinjiang sanctions for China trade deal", *Axios*, June 21, 2020 (https://www.axios.com/trump-uighur-muslims-sanctions-d4dc86fc-17f4-42bd-bdbd-c30f4d2ffa21.html).
58）　John Bolton, *The Room Where It Happened*, Simon & Schuster, 2020, pp.312.

て訪問した。議会ではダライ・ラマ後継選定への北京の介入を牽制するチベット人権法も成立した。またウイグルと同様に強制労働の実態も明らかにされている[59]。一方でトランプは中国への配慮から、ヘイリー国連大使の訪印とダライ・ラマとの会談に同意しなかったとされる[60]。

　ウイグルではイスラム教、チベットでは仏教が篤く信仰されているが、トランプ政権では信教の自由を促進する閣僚会合が初開催された。これは国際的信教の自由法（IRFA）成立 20 周年のタイミングだったが、政権が宗教保守派に支えられていることも一因だろう。中国でのキリスト教徒[61]や法輪功の動向にも関心が高まっており、ポンペオはバチカンの対中接近を批判した。

(4)　南シナ海

　トランプ政権下では、過剰な海上権益主張への対抗として南シナ海での航行の自由作戦（FONOP）が頻繁に実施され、2019 年はこの 40 年で最多となった[62]。オバマ政権下ではカーター元国防長官が語ったように FONOP 実施に困難が伴った[63]が、それに比べれば大きな変化といえよう。

　背景には、オバマ政権下で実施された国賓訪米（2015 年 9 月）で習が南シナ海を軍事化しないと約したにもかかわらず、一向に守られていないことへの苛立ちもある。それどころかミスチーフ礁やファイアリークロス礁にジャミング装置を展開する[64]など軍事化を進めている。

59)　Adrian Zenz, "Xinjiang's System of Militarized Vocational Training Comes to Tibet", The Jamestown Foundation, September 22, 2020 (https://jamestown.org/program/jamestown-early-warning-brief-xinjiangs-system-of-militarized-vocational-training-comes-to-tibet/).

60)　Bolton, *supra* note 58, pp.238.

61)　Eleanor Albert, "Christianity in China", Council on Foreign Relations, October 11, 2018 (https://www.cfr.org/backgrounder/christianity-china).

62)　"Remarks By Secretary Esper at an International Institute for Strategic Studies webinar on the U.S. vision for security in the Indo-Pacific region", July 21, 2020 (https://www.iiss.org/events/2020/07/special-presentation-us-secretary-of-defense).

63)　Ash Carter, "Reflections on American Grand Strategy in Asia", The Belfer Center for Science and International Affairs, Harvard University, October 2018 (https://www.belfercenter.org/publication/reflections-american-grand-strategy-asia).

中国側によるハラスメントも顕著だ。南沙（スプラトリー）諸島ガベン礁付近で、駆逐艦ディケーターに対して旅洋級駆逐艦が約 40 メートルまで異常接近した。直後に取り沙汰されていたマティス国防長官の訪中は実施されなかった。西沙（パラセル）諸島の海域では、駆逐艦バリーに対して追跡警告したと南部戦区（中国軍で南シナ海を担任）が発表した。後者には、直前に中国が西沙区、南沙区を設置し一方的な主張を強めたことへの牽制の意味もあっただろう。

2020 年 7 月に米国は南シナ海での圧力を大きく高めた。ロナルド・レーガンとニミッツが 2 度にわたって演習したが、空母 2 隻が南シナ海で演習に臨むのは 2014 年以来だった。セオドア・ローズヴェルトでコロナ集団感染が発生したことから、空母運用に異常がないことを中国に示す狙いもあっただろう。日米豪の共同演習も南シナ海で実施された。翌月に中国は空母キラー DF-21D とグアム・キラー DF-26 を南シナ海に発射した。

軍事的対応に加えて、南シナ海に関する国務長官声明[65]が中比仲裁判断から 4 年という節目に発出された。この声明において、中国の主張は完全に違法（complete unlawful）と断じられた。領有権については特定の立場を採らないなど歴代政権との継続性もみられる[66]が、米国の主張が詳細にかつ整理された形で公になった意義は小さくない。豪州もこれに同調した。米国は国連海洋法条約（UNCLOS）の締約国ではないが、UNCLOS に基づく仲裁判断と米国の政策が一致することが明らかにされた。また米国連大使からグテーレス国連事務総長に送られた書簡でも中国の主張が否定された。

南シナ海問題の当事国ではベトナムとの協力が進展した。オバマ訪越を機に武器禁輸が解除され、トランプ政権下では空母カール・ビンソンが寄港した。

64) Michael R. Gordon and Jeremy Page, "China Installed Military Jamming Equipment on Spratly Islands, U.S. Says", *The Wall Street Journal*, April 9, 2018 (https://www.wsj.com/articles/china-installed-military-jamming-equipment-on-spratly-islands-u-s-says-1523266320).

65) Michael R. Pompeo, "U.S. Position on Maritime Claims in the South China Sea", July 13, 2020 (https://www.state.gov/u-s-position-on-maritime-claims-in-the-south-china-sea/).

66) Gregory Poling, "How Significant is the New U.S. South China Sea Policy?", CSIS Asia Maritime Transparency Initiative, July 14, 2020 (https://amti.csis.org/how-significant-is-the-new-u-s-south-china-south-policy/).

第一列島線に位置するフィリピンについては、ポンペオが訪比時に南シナ海が太平洋の一部であるとしつつ、米比相互防衛条約 4 条の南シナ海への適用を明言した。

　商務省 BIS は南シナ海での人工島造成に関与したとして、国有企業である中国交通建設（CCCC）の子会社等の 24 社を EL に掲載した[67]。CCCC は一帯一路で重要な役割を担うといい[68]、24 社のうち 18 社が中国軍と取引があり軍民融合の進展が窺えるという[69]。国務省も関係者にビザ制限を課した。南シナ海問題でも EL 掲載という手段が活用されたことで、輸出管理と外交安保のリンクがより鮮明となったといえよう。

　共同軍事演習にも米国は積極的で、ASEAN との初開催のほか、英国とも南シナ海で実施した。一方で環太平洋合同演習（RIMPAC）に中国は招待されなかった（2018 年）が、マティスは南シナ海問題によるとシャングリラ会合で述べた。

　東シナ海での事態も米国は深刻に受け止め、トランプは初の日米首脳会談で日米安保条約 5 条の尖閣適用を確認した。尖閣防衛の最前線に立つ海上保安庁が USCG を通じて米海軍と情報共有していることも明らかになっている[70]。中国軍との関係は冷却化し、米中軍事交流は 2016 年の 30 件から 2019 年は 17 件[71]に減少している。調達担当の党軍事委員会装備発展部には、対敵国制裁法（CAATSA）に基づいて制裁が発動された。

---

67)　この EL 掲載を評価する有力紙社説として "Accountability in the South China Sea", *The Wall Street Journal*, August 26 , 2020（https://www.wsj.com/articles/accountability-in-the-south-china-sea-11598484377）.

68)　Shannon Tiezzi, "With Latest Sanctions, US Casts a Shadow Over China's Belt and Road", *The Diplomat*, August 27, 2020（https://thediplomat.com/2020/08/with-latest-sanctions-us-casts-a-shadow-over-chinas-belt-and-road/）.

69)　「米制裁企業、7 割が軍と取引 中国が軍民融合を加速」日本経済新聞 2020 年 9 月 23 日（https://www.nikkei.com/article/DGXMZO64132870T20C20A9FF1000/）。

70)　「アジア "国境の海" で何が〜米中対立のはざまで〜」NHK スペシャル 2020 年 11 月 15 日放送。

71)　Department of Defense, *supra* note 9, pp.167.

⑸ インド太平洋

NSS 2017 がアジア太平洋に代えインド太平洋という語を用い、地域として筆頭で取り上げたこともあり、国防総省と国務省からそれぞれ文書が公表された。前者ではインド太平洋が優先戦域（priority theater）とされ、中国については、短期的にはインド太平洋の地域覇権を、長期的には世界大での優越を追求しているとして警戒感が示された[72]。米軍ではインド太平洋軍（INDOPACOM）への改名がハリスの司令官交代式で発表された。デービッドソン司令官は "Regain the Advantage" と題する議会への報告で予算増額を求めていたが、これに応えるように NDAA 2021 には太平洋抑止イニシアチブが盛り込まれた。海兵隊は中国との大国間競争とインド太平洋重視に対応する Force Design 2030 をまとめ[73]、対艦ミサイル部隊を沖縄やグアム、ハワイに配備するという。

トランプは越での APEC 演説でインド太平洋に大いに触れたが、そもそもは当時の安倍晋三総理がナイロビでの TICAD VI で打ち出しており、日本発の外交戦略を米国が後から採用することは異例だった。

議会ではインド太平洋が強く打ち出された ARIA が成立し、同地域への米国の関与強化を支える毎年 15 億ドルの歳出権限も盛り込まれた。同法が米中国交正常化（1979 年 1 月 1 日）40 周年の前日というタイミングを選んで署名されたことは、その後の米中関係を暗示していたかのようだ。

BUILD 法も成立して最大 600 億ドルの融資権限が規定され、国際開発金融公社（DFC）が設立された。冷戦終結以来、海外援助削減に熱心であった議会としては画期的な方針転換といえる[74]。これには一帯一路の沿線国での債務の罠の広がりや AIIB の活動を踏まえ、質の高いインフラの提供により中国との違いを示す狙いがあろう。日米豪インフラ協力の BDN も立ち上がりトランプは訪印時に言及した。

---

72) Department of Defense, "Indo-Pacific Strategy Report", June 1, 2019 (https://media.defense.gov/2019/Jul/01/2002152311/-1/-1/1/DEPARTMENT-OF-DEFENSE-INDO-PACIFIC-STRATEGY-REPORT-2019.PDF).

73) David H. Berger, "Force Design 2030", Headquarters Marine Corps, March 2020 (https://www.hqmc.marines.mil/Portals/142/Docs/CMC38%20Force%20Design%202030%20Report%20Phase%20I%20and%20II.pdf?ver=2020-03-26-121328-460).

74) 久保・前掲注 6)。

　Quad と称される日米豪印協力については、外相会合が国連総会に際して NY で初めて開催され、東京会合では定例化が約されて進展がみられた。王毅外相はインド太平洋版 NATO の構築だとして反発した。Malabar 2020 では日米豪印の海軍が共同演習した。

　太平洋島嶼国にもいくらかの力点が置かれたことは、過去の政権と比較しても特筆に値する[75]。背景には台湾との国交国争奪戦という従来の文脈を越え、いわゆる第二列島線（小笠原諸島～グアム～パプアニューギニア〔PNG〕）を見据えながら存在感を増す中国への警戒があり、対立が深まっている[76]。ペンスはロンブラム海軍基地（PNG）の再開発での米豪協力を表明した。米陸軍は 37 年ぶりにパラオで演習した。エスパーは米国防長官として初めて同国を訪問し、パラオ大統領は基地建設を要請した。グアムを州に昇格させて中国に備えよという意見もある[77]。

　海底ケーブルにも警戒の目が向けられ[78]、華為への禁輸措置も影響してか、子会社の華為海洋の事業撤退が決定された。同社はデジタル・シルクロードと重なるように、パキスタン・グワダルからジブチへの敷設を計画していた[79]。

---

75)　詳しくは、村上政俊「新たな米中対立――太平洋島嶼国」東京財団政策研究所 WEB 論考（2020 年 3 月 30 日）(https://www.tkfd.or.jp/research/detail.php?id=3374)。

76)　Kathrin Hille, "Pacific islands: a new arena of rivalry between China and the US", *Financial Times*, April 9, 2019 (https://www.ft.com/content/bdbb8ada-59dc-11e9-939a-341f5ada9d40).

77)　Eyck Freymann, "Counter China by Making Guam a State", *Foreign Policy*, October 14, 2020 (https://foreignpolicy.com/2020/10/14/counter-china-by-making-guam-a-state/).

78)　Jeremy Page, O'Keeffe and Rob Taylor, "America's Undersea Battle With China for Control of the Global Internet Grid", *The Wall Street Journal*, March 12, 2019 (https://www.wsj.com/articles/u-s-takes-on-chinas-huawei-in-undersea-battle-over-the-global-internet-grid-11552407466).

79)　安保上の懸念から FCC に勧告が出され、香港ロサンゼルス間の計画も断念に追い込まれた。Google、Facebook に加え通信プロバイダー中国 4 位の鵬博士電信が関わっていた。

4 まとめと今後の見通し

バイデン新政権の外交[80]とりわけ対中政策は、トランプのそれから変化するのだろうか。本稿で明らかにしたようにトランプ政権下での対中強硬姿勢は、全政府的アプローチに包摂された官僚機構と党派対立を超えて政策的収斂をみせた議会により主に担われていた。トランプが外交舞台から去っても、覇権喪失の危機感から各省庁や立法部での対中認識が容易に改まることはなく、また実効的な法律や規制が既に多く成立していることから、バイデン政権でも対中強硬が維持されるとの推論が働く。

サリバン大統領補佐官とキャンベル NSC インド太平洋調整官は、在野時に共同執筆した論文で中国との競争を重視する認識を示しており[81]、オバマ政権の単純な繰り返しにはならないかもしれない。バイデン大統領が菅義偉総理との電話会談で日米安保条約5条の尖閣適用に言及したのも、この流れに位置付けられる。

だが、違ったベクトルを思わせる要素も存在する。国内政策会議委員長に就くが国務長官としても名が挙がったスーザン・ライスは、オバマ政権において大統領補佐官在任中のアジア演説で、中国が唱えた新型大国関係に理解を示した。サリバンとキャンベルにしても、競争と同時に共存を追求する姿勢を示している。仮に米中戦略対話といった意思疎通のチャンネルが立ち上がれば、貿易交渉以外は閣僚協議がほとんど機能しなかったトランプ政権との違いがはっきりするだろう。バイデンが副大統領を務めたオバマ政権は、トランプ政権だけでなくブッシュ・ジュニア政権とも異なり、中国を対象とした2次制裁[82]を

---

80) 大統領選前の論考として、久保文明「『バイデン政権』の外交を考える」笹川平和財団 WEB 論考（2020年7月1日）（https://www.spf.org/jpus-j/spf-america-monitor/spf-america-monitor-document-detail_68.html）。

81) Kurt M. Campbell and Jake Sullivan, "Competition Without Catastrophe", Foreign Affairs, Vol.98, No.5（September/October 2019）（https://www.foreignaffairs.com/articles/china/competition-with-china-without-catastrophe）.

82) 北朝鮮問題を巡ってブッシュ・ジュニア政権はバンコ・デルタ・アジアに、トランプ政権は丹東銀行等に財務省を通じて制裁を発動した。詳細は、村上・前掲注16）153-155頁。

発動せず、対話を重視した。バイデン政権が人権分野で強硬に出るとの観測も
あるが、言葉による批判にとどまらず、トランプ政権のように中国の高官や企
業を対象とした制裁発動に踏み切るかが問題だろう。

　バイデンは、気候変動や国際保健分野での米中協力を探るだろう[83]。トラン
プ政権は中国による中距離ミサイル増強も念頭に INF 条約から脱退したが、
バイデンは核不拡散でも協力を指向するかもしれない。ただし中国からの協力
を引き出すために南シナ海等で中国が望む譲歩を与えれば、トランプ政権の対
中姿勢からの大きな転換ということになる。気候変動担当大統領特使に起用さ
れたケリーは、オバマ政権の国務長官としてパリ協定成立に向けて、中国から
の協力取り付けに殊の外熱心だった。

　行き着く先はここ最近ほとんど論じられなかった米中大取引となって、台湾
や朝鮮半島もバーゲンの対象になり、21 世紀のアチソンラインが引かれるのか。
トランプ政権でも初期にはティラーソンが初訪中時に相互尊重（mutual
respect）に言及した。これは北京が唱える核心的利益に理解を示したともとら
れかねないが、バイデン政権でも言動を注視する必要があろう。

　アメリカ第一主義を始めトランプ流の否定をバイデン政権は国内外にアピー
ルするだろう。2020 年から高まったイデオロギー対立も否定の対象となるか
もしれない。だが交渉という観点を優先すれば、例えば関税について一方的な
撤廃ではなく撤廃をカードにして中国との交渉に臨むこともありえよう。そう
なれば表面的な脱トランプとは裏腹に、トランプのレガシーをバイデンが利用
しながら対中政策を進めるということになる。華為規制等の技術争覇でもデカ
ップリングを否定しつつこうした手法が採られるかもしれない。

　トランプは力による平和（Peace through Strength）を唱えもしたが、バイデ
ン政権は米国の覇権の最後の拠り所である力の論理に立脚するだろうか。民主
党綱領は中国の挑戦は一義的には軍事ではない[84]とする。バイデンが国内の分
極化解消の前提として党内融和に力点を置き、民主党左派が唱える国防予算削

83)　Joseph R. Biden, Jr., "Why America Must Lead Again", *Foreign Affairs*, March/
April 2020（https://www.foreignaffairs.com/articles/united-states/2020-01-23/why-
america-must-lead-again）.

減に傾けばどうなるか。その矛先が中東や欧州に加えインド太平洋での前方展開に及べば、中国への劇的なパワー傾斜が起こりかねない。

　いずれにしてもパンデミック下では、新政権が発足してもしばらくは膝を突き合わせての外交は難しく、対面での首脳会談というリセットの機会が訪れないまま膠着状態が続くことも予想される。国際協調の再建を掲げるであろうバイデン外交において、対中外交がどのように位置付けられるのかに注目が集まる。

　中長期的な視点に立てば、孤立主義、保護貿易、反不法移民を軸とするトランプ型の大統領が、米国に再び出現するという予測もある[85]。トランプ自身が2024年に再出馬するかどうかとは別に、米国内の分極化を糾合するような大衆的な人気があってかつ政策に明るい「改良型トランプ」が現れれば、本章で検討したトランプ流の対中政策が未来の米国外交に与える示唆は極めて大きいといえよう。

（2020年11月18日脱稿、のちに若干の修正）

84）　"2020 Democratic Party Platform", August 18, 2020, pp.88（https://www.demconvention.com/wp-content/uploads/2020/08/2020-07-31-Democratic-Party-Platform-For-Distribution.pdf）.

85）　久保文明「終章 2120年の大統領選挙」久保文明＝金成隆一『アメリカ大統領選』（岩波書店、2020年）229-236頁。

●執筆者紹介（執筆順）

久保文明（くぼ・ふみあき）　編者　[はしがき]
東京大学大学院法学政治学研究科教授、東京財団政策研究所上席研究員
主な著作：『アメリカ大統領選』（共著、岩波書店、2020年）、『アメリカ政治史』（有斐閣、2018年）、
『アメリカ大統領の権限とその限界』（共編著、日本評論社、2018年）ほか

梅川　健（うめかわ・たけし）　[第1章]
東京都立大学法学部教授
主な著作：『アメリカの政治』（共著、弘文堂、2019年）、『アメリカ大統領の権限とその限界』（共編著、
日本評論社、2018年）、『ポスト・オバマのアメリカ』（共著、大学教育出版、2016年）ほか

前嶋和弘（まえしま・かずひろ）　[第2章]
上智大学総合グローバル学部教授
主な著作：『危機のアメリカ「選挙デモクラシー」』（共編著、東信堂、2020年）、『現代アメリカ政治
とメディア』（共編著、東洋経済新報社、2019年）ほか

松井孝太（まつい・こうた）　[第3章]
杏林大学総合政策学部講師
主な著作：『高齢者法──長寿社会の法の基礎』（共著、東京大学出版会、2019年）、「分断の矛盾噴
き出すアメリカ──政治と科学、格差の視角から」外交61号（2020年）ほか

山脇岳志（やまわき・たけし）　[第4章]
スマートニュース メディア研究所研究主幹、元朝日新聞アメリカ総局長（2013-2017年）
主な著作：『現代アメリカ政治とメディア』（共編著、東洋経済新報社、2019年）、『郵政攻防』（朝日
新聞社、2005年）、『日本銀行の深層』（講談社、2002年）ほか

宮田智之（みやた・ともゆき）　[第5章]
帝京大学法学部准教授
主な著作：『現代の国際政治〔第4版〕』（共著、ミネルヴァ書房、2019年）、『アメリカ政治とシンク
タンク──政治運動としての政策研究機関』（東京大学出版会、2017年）ほか

中林美恵子（なかばやし・みえこ）　[第6章]
早稲田大学社会科学部教授、米国マンスフィールド財団名誉フェロー
主な著作：『沈みゆくアメリカ覇権──止まらぬ格差拡大と分断がもたらす政治』（小学館、2020年）、
『トランプ大統領とアメリカ議会』（日本評論社、2017年）ほか

高畑昭男（たかはた・あきお）　[第7章]
外交ジャーナリスト（産経新聞客員論説委員、前白鷗大学経営学部教授）
主な著作：『「世界の警察官」をやめたアメリカ』（ウェッジ、2015年）、『アジア回帰するアメリカ』（共
編著、NTT出版、2013年）、『日本の国家戦略』（駿河台出版社、2008年）ほか

村上政俊（むらかみ・まさとし）　[第8章]
皇學館大学現代日本社会学部准教授
主な著作：『アメリカ大統領の権限とその限界』（共著、日本評論社、2018年）、『最後は孤立して自
壊する中国』（共著、ワック、2016年）ほか

トランプ政権の分析
――分極化と政策的収斂との間で

●⋯⋯⋯⋯2021 年 3 月 31 日　第 1 版第 1 刷発行

監修⋯⋯⋯公益財団法人東京財団政策研究所
編者⋯⋯⋯久保文明
発行所⋯⋯株式会社 日本評論社
　　　　　〒170-8474　東京都豊島区南大塚 3-12-4
　　　　　電話 03-3987-8621（販売）　振替 00100-3-16
　　　　　https://www.nippyo.co.jp/
印刷所⋯⋯平文社
製本所⋯⋯難波製本
装幀⋯⋯⋯林 健造

ⓒ 2021　The Tokyo Foundation for Policy Research
ISBN978-4-535-52524-5